JOËLLE GLEIZE
Maître de conférences à l'université d'Aix-Marseille I

HONORÉ DE BALZAC

Bilan critique

ouvrage publié sous la direction de
Alain Pagès

NATHAN

Du même auteur :

Le Double Miroir. Le Livre dans les livres de Stendhal à Proust, Hachette, 1992.

Dans la même collection

Série « Bilan critique » :
38. *Émile Zola – Bilan critique*, Alain Pagès
57. *Jean Racine – Bilan critique*, Jean Rohou
65. *Marcel Proust – Bilan critique*, Annick Bouillaguet

Conception de couverture : Noémi Adda
Conception graphique intérieure Agence Média
Réalisation PAO : Isabelle Cueille

ISBN 209 190686-7

SOMMAIRE

INTRODUCTION

Chaque génération le verra différent,
mais pour toutes ce sera un visage de Titan.
Hugo von Hofmannsthal

Travailler sur, dans, avec Balzac consiste toujours à se confronter à un désir de totalisation. Il n'est pourtant pas question, dans ce bilan critique, de prétendre à une quelconque exhaustivité. Ce livre se veut une présentation des principales interprétations qui ont été faites de Balzac. Dans les limites de ce volume, il est impossible de rendre compte, au sens d'analyser et d'expliquer, des variations, tensions et axiologies qui se font jour à travers les lectures successives. On s'est efforcé seulement de les situer dans leur contexte intellectuel et de les mettre en relation entre elles.

Ce livre se veut surtout une introduction à la recherche balzacienne, une invitation au voyage dans Balzac. Il fournit à la fois un historique succinct et un état des recherches en cours, tous deux nécessairement partiels. Les différentes méthodes critiques sont moins présentées pour elles-mêmes que pour les lectures qu'elles permettent du texte balzacien.

Le premier chapitre choisit de donner à voir Balzac à travers le regard d'autres écrivains, de son temps et ultérieurs; regard toujours éclairant et lecture pionnière, loin des normes de la critique institutionnelle. Le second part du double constat de la difficulté à lire tout Balzac et de la nécessité de le faire; il s'attache aux privilèges accordés à certains romans (*Eugénie Grandet* et *Le Père Goriot*), à tel ou tel ordre de lecture, à tel ou tel pan de l'écriture polymorphe de Balzac. Le troisième rend compte des différentes approches critiques à travers lesquelles le XXe siècle a appréhendé Balzac, et de leurs principaux apports. Le quatrième examine quelques débats polémiques qui ont animé et animent encore la recherche, et présente les secteurs les plus explorés dans les publications récentes en revue. Le cinquième est un guide bibliographique qui rassemble de manière synthétique les références rencontrées jusque-là et d'autres qui n'ont pu y trouver place.

LE CATALOGUE DE 1845

CATALOGUE

DES OUVRAGES QUE CONTIENDRA

LA COMÉDIE HUMAINE

ORDRE ADOPTÉ EN 1845 POUR UNE ÉDITION COMPLÈTE EN 26 TOMES

Les ouvrages en italique sont ceux qui restent à faire

PREMIÈRE PARTIE : ÉTUDES DE MŒURS
DEUXIÈME PARTIE : ÉTUDES PHILOSOPHIQUES
TROISIÈME PARTIE : ÉTUDES ANALYTIQUES

Première partie : Études de mœurs

Six livres : 1. Scènes de la vie privée; 2. de province; 3. parisienne; 4. politique; 5. de la vie militaire; 6. de la vie de campagne.

SCÈNES DE LA VIE PRIVÉE. (Quatre volumes, tomes 1 à 4.) – 1. *Les Enfants.* – 2. *Un pensionnat de demoiselles.* – 3. *Intérieur de collège.* – 4. La Maison du chat-qui-pelote. – 5. Le Bal de Sceaux. – 6. Mémoires de deux jeunes mariées. – 7. La Bourse. – 8. Modeste Mignon. – 9. Un début dans la vie. – 10. Albert Savarus. – 11. La Vendetta. – 12. Une double famille. – 13. La Paix du ménage. – 14. Madame Firmiani. – 15. Étude de femme. – 16. La Fausse Maîtresse. – 17. Une fille d'Ève. – 18. Le Colonel Chabert. – 19. Le Message. – 20. La Grenadière. – 21. La Femme abandonnée. – 22. Honorine. – 23. Béatrix ou les Amours forcés. – 24. Gobseck. – 25. La Femme de trente ans. – 26. Le père Goriot. – 27. Pierre Grassou. – 28. La Messe de l'athée. – 29. L'Interdiction. – 30. Le Contrat de mariage. – 31. *Gendres et belles-mères.* – 32. Autre étude de femme.

SCÈNES DE LA VIE DE PROVINCE. (Quatre volumes, tomes 5 à 8.) – 33. Le Lys dans la vallée. – 34. Ursule Mirouët. – 35. Eugénie Grandet. – LES CÉLIBATAIRES : 36. Pierrette. – 37. Le Curé de Tours. – 38. Un ménage de garçon en province. – LES PARISIENS EN PROVINCE : 39. L'Illustre Gaudissart. – 40. *Les Gens Ridés.* – 41. La Muse du département. – 42. *Une actrice en voyage.* – 43. *La Femme supérieure.* – LES RIVALITÉS : 44. *L'Original.* – 45. *Les Héritiers Boirouge.* – 46. La Vieille Fille. – LES PROVINCIAUX À PARIS : 47. Le Cabinet des Antiques. – 48. *Jacques de Metz.* – 49. ILLUSIONS PERDUES : 1re partie. Les Deux Poètes. 2e partie. Un grand homme de province à Paris. 3e partie. Les Souffrances de l'inventeur.

SCÈNES DE LA VIE PARISIENNE. (Quatre volumes, tomes 9 à 12.) – HISTOIRE DES TREIZE : (1er épisode) 50. Ferragus. – (2e épisode) 51. La Duchesse de Langeais. – (3e épisode) 52. La Fille aux yeux d'or. – 53. Les Employés. – 54. Sarrasine. – 55. Grandeur et décadence de César Birotteau. – 56. La Maison Nucingen. – 57. Facino Cane. – 58. Les Secrets de la princesse de Cadignan. – 59. Splendeurs et misères des courtisanes. – 60. La Dernière Incarnation de Vautrin. – 61. *Les Grands, l'hôpital et le peuple.* – 62. Un prince de la bohème. – 63. Les Comiques sérieux. – 64. Échantillons de causeries françaises. – 65. *Une vue du Palais.* – 66. Les Petits Bourgeois. – 67. *Entre savants.* – 68. *Le Théâtre comme il est.* – 69. *Les Frères de la Consolation.*

SCÈNES DE LA VIE POLITIQUE. (Trois volumes, tomes 13 à 15.) – 70. Un épisode sous la Terreur. – 71. *L'Histoire et le roman.* – 72. Une ténébreuse affaire. – 73. *Les Deux Ambitieux.* – 74. *L'Attaché d'ambassade.* – 75. *Comment on fait un Ministère.* – 76. Le Député d'Arcis. – 77. Z. Marcas.

SCÈNES DE LA VIE MILITAIRE. (Quatre volumes, tomes 16 à 19.) – 78. *Les Soldats de la République* (trois épisodes). – 79. *L'Entrée en campagne.* – 80. *Les Vendéens.* – 81. Les Chouans. – LES FRANÇAIS EN ÉGYPTE : (1er épisode) 82. *Le Prophète.* – (2e épisode) 83. *Le Pacha.* – (3e épisode) 84. Une passion dans le désert. – 85. *L'Armée roulante.* – 86. *La Garde consulaire.* – 87. SOUS VIENNE : (1re partie). *Un combat.* – (2e partie). *L'Armée assiégée.* – (3e partie). *La Plaine de Wagram.* – 88. *L'Aubergiste.* – 89. *Les Anglais en Espagne.* – 90. *Moscou.* – 91. *La Bataille de Dresde.* – 92. *Les Traînards.* – 93. *Les Partisans.* – 94. *Une croisière.* – 95. *Les Pontons.* – 96. *La Campagne de France.* – 97. *Le Dernier Champ de bataille.* – 98. *L'Émir.* – 99. *La Pénissière.* – 100. *Le Corsaire algérien.*

SCÈNES DE LA VIE DE CAMPAGNE. (Deux volumes, tomes 20 à 21.) – 101. Les Paysans. – 102. Le Médecin de campagne. – 103. *Le Juge de Paix.* – 104. Le Curé de village. – 105. *Les Environs de Paris.*

Deuxième partie : Études philosophiques

(Trois volumes, tomes 22 à 24.) 106. *Le Phédon d'aujourd'hui.* – 107. La Peau de chagrin. – 108. Jésus-Christ en Flandre. – 109. Melmoth réconcilié. – 110. Massimilla Doni. – 111. Le Chef-d'œuvre inconnu. – 112. Gambara. – 113. Balthazar Claës ou la Recherche de l'Absolu. – 114. *Le Président Fritot.* – 115. *Le Philanthrope.* – 116. L'Enfant maudit. – 117. Adieu. – 118. Les Marana. – 119. Le Réquisitionnaire. – 120. El Verdugo. – 121. Un drame au bord de la mer. – 122. Maître Cornélius. – 123. L'Auberge rouge. – 124. Le Martyr calviniste. – 125. La Confession des Ruggieri. – 126. Les Deux Rêves. – 127. *Le Nouvel Abeilard.* – 128. L'Élixir de longue vie. – 129. *La Vie et les aventures d'une idée.* – 130. Les Proscrits. – 131. Louis Lambert. – 132. Séraphita.

Troisième partie : Études analytiques

(Deux volumes, tomes 25 à 26.) 133. *Anatomie des corps enseignants.* – 134. Physiologie du mariage. – 135. Pathologie de la vie sociale. – 136. *Monographie de la vertu.* – 137. *Dialogue philosophique et politique sur les perfections du XIXe siècle.*

Chaque tome devra se composer d'au moins 40 feuilles (640 pages) grand papier, en philosophie sur corps de petit-romain, de manière à faire tenir trois mille lettres à la page.

D'après Stéphane Vachon, *Les Travaux et les Jours d'Honoré de Balzac*, Presses Universitaires de Vincennes, de Montréal et CNRS, 1992.

1

LES BALZAC DES ÉCRIVAINS

Il peut paraître étrange de commencer ce bilan critique par l'étude de discours autres que ceux des critiques. Je voudrais montrer leur intérêt et leur importance, mais aussi leur singularité. Les écrivains sont aussi (et d'abord) des lecteurs, mais des lecteurs qui lisent à partir de leur projet d'écriture, des lecteurs partisans. Ils ne se donnent pas comme règle d'effacer leur subjectivité pour se mettre à l'écoute du projet esthétique de celui qu'ils lisent, comme le font (ou devraient le faire) les critiques. Ils lisent pour eux, et en cela sont proches du lecteur ordinaire; mais ils lisent surtout pour leur écriture ou à partir d'elle. Leur interprétation de Balzac, puisqu'il s'agit de lui, consiste donc souvent à élire un aspect particulier de son œuvre, un aspect à partir duquel ou contre lequel ils peuvent écrire. Images partielles donc, profils toujours autres, mais où s'esquissent les traits que reprend et approfondit le discours critique, dans sa quête d'une image sinon complète du moins assez complexe pour préserver la richesse du modèle.

1. HONORÉ DE BALZAC, SES CONTEMPORAINS ET PAIRS

Dès 1836 déjà, Balzac est un personnage de roman. Delphine de Girardin publie à cette date un petit roman dont le héros éponyme est la canne de M. de Balzac qui, par son pouvoir merveilleux de rendre invisible celui qui la détient, explique la prodigieuse capacité du romancier à se transformer en narrateur omniscient et omnipotent. Elle traduit ainsi en termes de magie plaisante le don de « seconde vue », la faculté quasi divinatoire du romancier.

> La vie privée, voilà ce qu'il dépeint avec tant de puissance; et comment est-il parvenu à tout dire, à tout savoir, à tout montrer à l'œil étonné du lecteur ? C'est au moyen de cette canne monstrueuse. M. de

> Balzac, comme les princes populaires qui se déguisent pour visiter la cabane du pauvre et les palais du riche qu'ils veulent éprouver, M. de Balzac se cache pour observer[1].
>
> D. de Girardin, *La Canne de M. de Balzac* (1836).

La transformation de Balzac en personnage de légende commence très tôt. Elle se poursuit dans l'article non signé que Baudelaire donne au *Corsaire-Satan* du 24 novembre 1845 et où il raconte «Comment on paie ses dettes quand on a du génie» : le héros de l'anecdote est décrit comme «la plus forte tête commerciale et littéraire du dix-neuvième siècle» et «le personnage le plus curieux, le plus cocasse, le plus intéressant et le plus vaniteux des personnages de *La Comédie humaine*» (*Œuvres complètes*, Gallimard, coll. «Bibliothèque de la Pléiade», 1966, p. 467). La figure du génie, tenant du monstre et du prodige, se construit à coups de caricatures et de légendes.

Les éditions de *La Comédie humaine* s'accompagnent souvent de la publication de témoignages de grands contemporains de Balzac, George Sand, Lamartine, Hugo, Théophile Gautier et d'autres[2]. Le Balzac qui est ici donné à voir par le regard de ses contemporains et pairs est moins l'homme que l'auteur, celui que Victor Hugo qualifiait ainsi, dans une gradation savante : «ce travailleur puissant et jamais fatigué, ce philosophe, ce penseur, ce poète, ce génie [...] (allocution prononcée aux obsèques, le 21 août 1850, in *L'Œuvre de Balzac*, Club français du livre, 1980, t. VII, p. 317). Pour cette raison, ce sont les jugements portés après la mort de Balzac qui seront retenus.

Où Balzac est-il situé, par ses pairs, dans la hiérarchie de l'institution littéraire ? Parmi les premiers, sans doute mais de quoi ou de qui ?

1. *La Canne de M. de Balzac*, Éditions du Bateau ivre, 1946, p. 108. Delphine de Girardin, écrivain, est l'épouse d'Émile de Girardin, qui, la même année, publie dans *La Presse* le premier feuilleton-roman, *La Vieille Fille*, d'Honoré de Balzac.
2. C'est le cas de l'édition de P.-G. Castex et P. Citron pour la collection «L'Intégrale» du Seuil, 1965, et de l'édition d'A. Béguin et J. A. Ducourneau pour le Club français du livre, 1966-1967.

«Monsieur de Balzac était un des premiers parmi les plus grands, un des plus hauts parmi les meilleurs», répond Hugo, de façon nette et imprécise. Mais il l'égale, dans la suite de son hommage funèbre, à Tacite et à Suétone, à Beaumarchais et à Rabelais, à Molière et à Rousseau, le situant ainsi, pour donner sa juste mesure, parmi des historiens, dramaturges, romanciers et philosophes. Car en 1850, considérer Balzac comme le plus grand des romanciers est le déconsidérer. George Sand l'a bien compris : «On a défini Balzac durant sa vie : le plus fécond des romanciers. Depuis sa mort, on l'a appelé le premier des romanciers. [...] ce ne serait pas là un assez grand éloge pour une puissance comme la sienne» (cité dans *L'Œuvre de Balzac*, *op. cit.*, t. IX, p. II).

L'allusion à Sainte-Beuve, responsable de la première formulation qui a poursuivi Balzac tout au long de sa vie, est claire. Sainte-Beuve d'ailleurs ne modifie guère son jugement à la mort de Balzac, puisqu'il le place alors entre Sand, «plus grand, plus sûr et plus ferme écrivain» et Eugène Sue, Alexandre Dumas ou Frédéric Soulié. Il le situe donc parmi les «principaux chefs de cette littérature», celle du feuilleton, «littérature active, dévorante, inflammatoire» qu'il poursuit de ses foudres sous le nom de «littérature industrielle»[1]. On comprend dès lors l'imprécision de Hugo qui place Balzac dans «la région des égaux», celle des génies, où les hiérarchies de l'institution littéraire n'ont pas lieu d'être.

Lorsqu'ils analysent l'œuvre de Balzac, ses contemporains écrivains soulignent ses dimensions gigantesques, non pour lui en faire grief mais en reprenant le discours de Balzac lui-même sur son ambition de tout étreindre, de représenter par son œuvre la totalité de la société, la totalité de la littérature. C'est la réussite de cette visée de totalisation qui frappe d'abord Victor Hugo :

> Tous ses livres ne forment qu'un livre, livre vivant, lumineux, profond, où l'on voit aller et venir, et marcher, et se mouvoir, avec je ne sais quoi d'effaré et de terrible mêlé au réel, toute notre civilisation

1. Article du *Constitutionnel*, 2 septembre 1850, Sainte-Beuve, *De la critique*, Gallimard, coll. «Folio-essais», 1992, p. 329. L'expression «littérature industrielle» a été inventée par Sainte-Beuve dans un article retentissant de la *Revue des Deux Mondes* du 1er septembre 1839, «De la littérature industrielle».

> contemporaine ; livre merveilleux que le poète a intitulé comédie et qu'il aurait pu intituler histoire, qui prend toutes les formes et tous les styles, qui dépasse Tacite et qui va jusqu'à Suétone, qui traverse Beaumarchais et qui va jusqu'à Rabelais, livre qui est l'observation et qui est l'imagination ; qui prodigue le vrai, l'intime, le bourgeois, le trivial, le matériel, et qui par moments, à travers toutes les réalités brusquement et largement déchirées, laisse tout à coup entrevoir le plus sombre et le plus tragique idéal.
>
> V. Hugo, allocution prononcée aux obsèques (*op. cit.*, p. 317).

La démesure de l'ambition et de son exécution ne peuvent être une objection pour Hugo ; elles le sont pour Sainte-Beuve qui voit en Balzac un auteur « en proie à son œuvre » alors que selon lui, la vraie puissance appartient à celui « qui domine et régit », « reste supérieur » à sa création (*De la critique*, *op. cit.*, p. 316). Au contraire, en 1859, Baudelaire nomme qualités ce que Sainte-Beuve et d'autres nomment défauts :

> Tous ses personnages sont doués de l'ardeur vitale dont il était animé lui-même. Toutes ses fictions sont aussi profondément colorées que les rêves. Depuis le sommet de l'aristocratie jusqu'aux bas-fonds de la plèbe, tous les acteurs de sa *Comédie* sont plus âpres à la vie, plus actifs et rusés dans la lutte, plus patients dans le malheur, plus goulus dans la jouissance, plus angéliques dans le dévouement, que la comédie du vrai monde ne nous les montre. Bref, chacun, chez Balzac, même les portières, a du génie. Toutes les âmes sont des armes chargées de volonté jusqu'à la gueule. C'est bien Balzac lui-même. [...] Son goût prodigieux du détail, qui tient à une ambition immodérée de tout voir, de tout faire voir, de tout deviner, de tout faire deviner, l'obligeait d'ailleurs à marquer avec plus de forces les lignes principales, pour sauver la perspective de l'ensemble.
>
> C. Baudelaire, « Théophile Gautier », *Œuvres complètes*, Gallimard, coll. « Bibliothèque de la Pléiade », 1966, p. 692.

L'éloge funèbre de Victor Hugo reprenait une opposition promise à une grande fortune dans les discours sur Balzac : celle de l'observation et de l'imagination ; et il le faisait en affirmant simultanément les deux termes antithétiques. Plus généralement et plus banalement, les deux aptitudes sont perçues comme contradictoires, et l'une valorisée au détriment de l'autre ; ainsi Philarète Chasles cité par Sainte-Beuve : « On a répété à outrance que M. de Balzac était un observateur, un analyste ; c'était mieux ou pis, c'était un voyant. » L'ambiguïté maintenue par Chasles est d'ailleurs levée par Sainte-Beuve qui reproche à Balzac d'inventer et de rêver. Gautier et Baudelaire partent de la même correction de l'opinion commune mais pour porter un jugement contraire : Gautier considère que seul le « voyant », en Balzac, peut « expliquer l'infinie variété des deux ou trois mille types qui jouent un rôle plus ou moins important dans *La Comédie humaine* » (cité dans *L'Œuvre de Balzac*, *op. cit.*, t. IX, p. XI), et Baudelaire estime que « son principal mérite était d'être visionnaire et visionnaire passionné » (in *Œuvres complètes*, *op. cit.*).

Reconnaître en Balzac comme le fait Baudelaire dès 1846 (*ibid.*, p. 601) « un romancier et un savant, un inventeur et un observateur » tout à la fois, est le fait de ses admirateurs. Au contraire, louer en lui le peintre de mœurs, comme le fait Sainte-Beuve, ne voir en lui qu'un observateur, c'est ne lui accorder que le statut de romancier. Or le roman n'est pas encore un genre suffisamment légitime pour suffire à la reconnaissance de l'importance littéraire de Balzac, aux yeux de ses contemporains comme à ses propres yeux, lui qui préférait le titre d'historien à celui de romancier. George Sand donne bien la mesure de ce dépassement du roman « romanesque » opéré par Balzac :

> Le roman a été pour Balzac le cadre et le prétexte d'un examen presque universel des idées, des sentiments, des pratiques, des habitudes, de la législation, des arts, des métiers, des coutumes, des localités, enfin de tout ce qui a constitué la vie de ses contemporains.

G. Sand, in *L'Œuvre de Balzac*, *op. cit.*, t. IX, p. II.

De la même manière, Baudelaire loue Balzac d'avoir fait « de ce genre roturier » qu'est le roman de mœurs, « une chose admirable, toujours curieuse et souvent sublime » (in *Œuvres complètes*, *op. cit.*, p. 692). Le jugement d'un fervent admirateur, Barbey d'Aurevilly, dans une préface pour un recueil de *Pensées et maximes de M. de Balzac*, en 1854, est sans réserve : « Pour nous comme pour le public, Balzac n'était pas un romancier d'un immense talent parmi les romanciers du XIXe siècle, c'était le romancier même du XIXe siècle. Dans son ordre d'idées et de travaux, à côté de lui il n'y avait personne» (cité dans *L'Œuvre de Balzac*, t. XII, p. I-II).

L'appartenance du roman aux belles-lettres dépend de la hiérarchie des genres à un moment donné, mais peut aussi sembler fonction de la qualité stylistique du texte littéraire. C'est ainsi que Gautier explique le souci qu'avait Balzac de son style par le désir d'être «admis parmi les dieux du romantisme». Il faut ici souligner l'originalité de l'analyse que fait Gautier du style de Balzac. Alors que Sainte-Beuve lui reproche de n'être pas conforme aux normes de la tradition et le décrit comme «d'une corruption délicieuse», «chatouilleux et dissolvant, énervé, rosé et veiné de toutes les teintes» (*op. cit.*, p. 314), Gautier, connaisseur en la matière, situe la beauté de son style précisément dans son adéquation à la «modernité absolue» de Balzac, obligé de se forger une langue spéciale pour dire cette modernité : «Il avait, bien qu'il ne le crût pas, un style, et un très beau style, — le style nécessaire, fatal et mathématique de son idée » (*op. cit.*, t. IX, p. XXVIII). La question de l'écriture de Balzac n'en est pas pour autant résolue et restera un objet de critique privilégié. Mais Gautier, décrivant l'écrivain au travail, corrigeant, nuit après nuit, des épreuves ou des éditions successives, fait de Balzac le premier héros et martyr de l'écriture laborieuse et du désir de perfection.

«Les grands hommes font leur propre piédestal; l'avenir se charge de la statue», disait Victor Hugo sur la tombe de Balzac. Dès 1850, les grandes lignes en étaient ébauchées, Rodin n'avait plus qu'à l'exécuter; mais il ne le fait qu'à la fin du siècle, quand enfin l'institution critique entend et reprend le jugement des écrivains sur Balzac.

2. L'AUTRE ET LE MÊME : LE BALZAC DE ZOLA

Si l'importance de Balzac n'est guère contestée dans les années 1880, son œuvre n'est toutefois pas encore devenue un monument incontestable. Les encyclopédies du moment, celle déjà ancienne de Pierre Larousse (1866-1878) ou celle de Vapereau (1884) s'accordent pour admirer sa fécondité, sa puissance d'observation de la réalité. Mais l'éloge est ambigu, tel celui de Vapereau prêtant au romancier « un esprit d'une grande fécondité et d'une grande variété de ressources, plein de confiance en lui-même et capable de s'emparer, d'autorité, de la faveur publique » (*Dictionnaire des littératures*). On souligne « l'extrême précipitation » dont souffre son style et on lui reproche de ne peindre qu'une partie de la réalité et d'en donner une image trop noire. Balzac n'est pas encore un classique, et son œuvre est l'enjeu de luttes esthétiques.

Tel est le Balzac que Zola lit avec admiration, puis dont il prend soin de se démarquer lorsqu'il élabore son propre programme littéraire, et d'autant plus fortement que ses premiers romans en sont très proches : ainsi *La Fortune des Rougon* doit un certain nombre de traits à *Pierrette*. En 1869, il rédige une analyse qui, à partir de la lecture de l'« Avant-propos », s'attache à souligner les « Différences entre Balzac et [lui] ». Refusant le modèle de la grande fresque ou du miroir de la société toute entière, il veut se donner un cadre plus restreint et faire œuvre scientifique plus que sociale.

> Mon œuvre, à moi, sera tout autre chose. Le cadre en sera plus restreint. Je ne veux pas peindre la société contemporaine, mais une seule famille, en montrant le jeu de la race modifiée par les milieux. *Si j'accepte un cadre historique, c'est uniquement pour avoir un milieu qui réagisse[nt]*; de même le métier, le lieu de résidence sont des milieux. Ma grande affaire est d'être purement naturaliste, purement physiologiste. Au lieu *[de me]* d'avoir des principes (la royauté, le catholicisme) j'aurais des lois *[scien]* (l'hérédité, l'énéité). Je ne veux pas comme Balzac avoir une décision sur les affaires des hommes, être politique, philosophe, moraliste. Je me contenterai d'être savant, de dire ce qui est en en cherchant les raisons intimes. Point de conclusion d'ailleurs. Un simple exposé des faits d'une famille, en montrant le mécanisme intérieur qui la fait agir. J'accepte même l'exception.
>
> Mes personnages n'ont pas besoin de revenir dans les romans particuliers.

É. Zola, « Différences entre Balzac et moi », note manuscrite citée dans l'éd. critique de *La Fortune des Rougon*, par G. Gourdin-Servenière, Genève, Strategic Communication SA, 1990.

On voit ainsi Zola définir son propre projet littéraire avec et contre Balzac, un Balzac perçu alors comme le peintre du monde social mais dont l'observation n'est pas assez scientifique, oblitérée par le souci de la fonder sur des principes, de la doter de significations politiques et religieuses. En 1869 encore, Zola écrit un article où il souligne l'écart entre les significations visées et celles que le lecteur déchiffre dans l'œuvre : «Sur son drapeau, où il a écrit : Royauté, Catholicisme, nos enfants liront le mot : République. Toute son œuvre est là pour crier : Ne l'écoutez pas, il se ment à lui-même, il a travaillé pour l'avenir, il a raconté les premiers bégayements (*sic*) de la démocratie universelle» (cité dans David Bellos, *Balzac Criticism*, Clarendon Press Oxford, 1976, p. 121). Dans le même temps où il s'efforce de s'en différencier littérairement, Zola fait de Balzac une lecture qui le rapproche de lui politiquement, fraternité qui ne présente pas les mêmes dangers pour l'œuvre à accomplir.

Le Balzac auquel Zola se réfère dans ses articles critiques, rassemblés dans *Le Roman expérimental* en 1880 puis dans *Les Romanciers naturalistes* en 1881, est construit tout autrement, et cette fois, pour servir la cause naturaliste âprement attaquée et âprement défendue. Comme l'avaient fait avant même la mort de Balzac, son disciple Champfleury, membre actif du groupe des Réalistes, et plus tard, en 1856, Flaubert, qui considérait que Balzac avait «introduit la science dans le roman», Zola attribue à Balzac une qualité de «naturaliste». Il voit en lui «le maître du roman moderne», qu'il domine au point d'avoir influencé tous les romanciers ultérieurs. Et Zola se moque de Sainte-Beuve qui n'a pas su voir que «c'est Balzac, ce Balzac dont il n'a jamais compris la puissance, qui a accompli le 18 brumaire littéraire dont il parle» et qui est le «véritable homme du siècle» («De la critique», 1879, in *Le Roman expérimental*, Garnier-Flammarion, 1971, p. 298). Ainsi il le situe entre Stendhal et Flaubert pour des raisons non seulement chronologiques mais aussi esthétiques, soulignant «l'abîme» qui sépare d'un Stendhal qui ne ferait, dans ses romans, qu'appliquer ses théories psychologiques, un Balzac qui se comporterait en physiologiste, en savant. Zola donne place à Balzac dans une évolution littéraire conçue comme une avancée, un progrès qui est fonction du degré de scientificité de l'œuvre littéraire, mouvement dans lequel Flaubert viendra continuer et parfaire Balzac. Mais c'est à celui-ci que revient la place de grand initiateur, de celui par qui tout a commencé.

Il est tout d'abord le premier écrivain moderne au sens de l'écrivain «émancipé», «libre de tout engagement, n'ayant à flatter personne, ne tenant sa vie, son talent, sa gloire, que de lui-même, se donnant à son pays et ne voulant rien en recevoir» («L'argent dans la littérature», 1880, *ibid.*, p. 197). Ce nouveau statut implique un nouveau rapport à l'argent et une réhabilitation, après les mépris romantiques, du travail littéraire qui comme tout travail mérite salaire. Mais Balzac est aussi exemplaire pour Zola de la contrepartie du nouveau rôle joué par l'argent : l'écrivain moderne est condamné «à produire et produire encore», «forcé d'entasser volume sur volume, tout comme un ébéniste par exemple entasse meuble sur meuble». Et le Balzac que salue ainsi Zola en frère est celui qui a dû écrire dans la fièvre une œuvre considérable en même temps que celui qui a lutté pour les droits des écrivains et participé activement à la création en 1837, puis à la gestion de la Société des Gens de Lettres.

Balzac est aussi et surtout le premier à avoir adopté en littérature une démarche de savant que Zola compare à celle de Taine, en raison de leur «même préoccupation du milieu et des circonstances»[1]. Zola voit naître avec Balzac un «nouvel esprit littéraire» qui anime tous ceux qui «veulent peindre à nouveau le monde et l'humanité, en les étudiant dans leur mécanisme naturel et en poussant leurs œuvres à la plus grande vérité possible» (*Le Roman expérimental*, *op. cit.*, p. 204). Écrivant «en analyste qui travaille à l'enquête scientifique de son temps», Balzac est un maître en ce qu'il a donné le premier exemple d'une méthode que Zola n'hésite pas à qualifier de méthode naturaliste ou expérimentale.

À plusieurs reprises, Zola recourt à l'exemple de *La Cousine Bette*, roman exemplaire où il montre Balzac observant «le ravage que le tempérament amoureux d'un homme amène chez lui, dans sa famille et dans la société» (*ibid.*, p. 64). Il s'agit évidemment du baron Hulot que Balzac a soumis à «une série d'épreuves, en le faisant passer par différents milieux, pour montrer le fonctionnement du mécanisme de sa passion»

1. C'est par Taine que Zola a connu Balzac, selon les recherches de D. Bellos, *Balzac Criticism, 1850-1900, The Making of a Reputation*, *op. cit.*, ch. IV, «The Impact of Émile Zola».

(*ibid.*). La démonstration de Zola vise à prouver que l'expérimentation vient ici prolonger l'observation, au sens certes spécieux qu'il donne au terme d'expérimentation en littérature, le roman étant le «procès-verbal de l'expérience que le romancier répète sous les yeux du public». Balzac peut être ainsi qualifié de «moraliste expérimentateur», à l'égal des romanciers naturalistes dont il devient le modèle de référence.

C'est dans un texte théorique et non pas dans un article de critique littéraire que Balzac est ainsi rallié à la cause du roman expérimental. Il s'agit ici bien plus de Zola et du naturalisme que de Balzac, devenu, en même temps qu'argument, caution dans le débat littéraire des années 1880. Mais pour faire ainsi de Balzac le père fondateur du naturalisme, il faut opérer un coup de force dont Zola est tout à fait conscient : cela suppose d'élire dans Balzac celui qui a «le sens du réel» et de le distinguer du Balzac romantique, qui se plaît aux «inventions les plus singulières», aux «rêves énormes», qui grandit ses héros à la dimension de géants et qui manifeste sa présence dans tous ses romans («Du roman», in *Le Roman expérimental*, *op. cit.*, p. 217). C'est ce Balzac dont il n'aime pas la «fantasmagorie» que Zola prend pour pôle de comparaison négatif quand il analyse l'œuvre de Flaubert. Et ce n'est pas alors Balzac mais Flaubert qui est reconnu comme naturaliste.

Le Balzac privilégié par Zola est donc celui en qui il se reconnaît, à qui il prête les visées qui sont les siennes, celui qui a connu la même rage d'écrire et rencontré les mêmes incompréhensions. Et si Zola consacre dans *Le Voltaire* deux articles à deux critiques, l'un oublié comme Chaudes-Aigues, l'autre reconnu prince des critiques comme Jules Janin, c'est pour retrouver dans le passé, et commis à l'encontre de celui qui «a donné le branle» à la littérature contemporaine, les mêmes contresens et jugements méprisants et ridicules que ceux dont est accablé le roman naturaliste. Et l'article sur «Jules Janin et Balzac» finit par cette apostrophe : «Eh bien, prince, je crois que c'est vous qui avez disparu le lendemain dans un immense oubli. Personne ne lit plus vos romans et vos quarante années de critique n'ont pas même laissé une trace dans notre histoire littéraire. Quant à Balzac, il est debout et grandit chaque jour davantage» («De la critique», *op. cit.*, p. 319). Ce n'est pas seulement une figure paternelle et tutélaire que Zola voit ainsi dans Balzac mais une image de son avenir.

Cette lecture de Balzac par Zola marque une étape importante dans la réception de Balzac (D. Bellos, *Balzac Criticism*, *op. cit.*). D'une part, elle confère à Balzac un rôle de père fondateur du réalisme et à son œuvre une signification «révolutionnaire»; d'autre part, la fraternité avant-gardiste de Zola avec Balzac et l'annexion de celui-ci à l'école naturaliste ont un effet paradoxal : celui d'inciter la critique hostile aux naturalistes à souligner ce qui sépare l'un et l'autre, et tout ce qui fait de Balzac un auteur plus respectable que Zola. David Bellos formule ainsi cette conséquence inattendue : «*Balzac became a classic to save him from being a Naturalist*[1]» (*ibid.*, p. 98). Tandis qu'un écrivain comme Zola l'associe à l'avant-garde littéraire, l'institution critique l'en écarte et le rapproche de Molière : Balzac ressort du débat légitimé, il devient un classique.

3. L'ILLUMINATION RÉTROSPECTIVE : LE BALZAC DE PROUST

Au tournant de ce siècle dont Balzac a voulu faire «son sujet», quel est le Balzac que lit Proust ? Quel est celui qu'il nous donne à lire ? Il n'est pas question ici de se livrer à une enquête biographique sur Proust lecteur de Balzac non plus qu'à une étude d'influence hypothétique mais simplement de définir par quels traits se caractérise l'œuvre de Balzac aux yeux de Proust. Soulignons d'entrée la place importante de la référence balzacienne : dès 1903 et 1908, dans les pastiches de *L'Affaire Lemoine* qui seront regroupés en 1919 en un volume qui s'ouvre sur le pastiche de Balzac[2]; puis au cœur de la réflexion esthétique que Proust construit en

1. On a fait de Balzac un classique pour lui éviter d'être un naturaliste.
2. Outre les pastiches, ce volume, que Proust intitule *Pastiches et Mélanges*, comprend des préfaces, essais et récits. Les références se feront à l'édition de P. Clarac et Y. Sandre, qui les regroupe avec *Contre Sainte-Beuve* sous ce dernier titre, Gallimard, coll. «Bibliothèque de la Pléiade», 1971.

opposition à Sainte-Beuve et qui a été éditée sous le titre de *Contre Sainte-Beuve*; enfin dans la mise en scène narrative de personnages lecteurs de Balzac dans *À la recherche du temps perdu*. La figure de Balzac est ainsi prise en charge par des formes discursives différentes et ce sont les effets de ces différences que nous allons interroger.

La lecture de Balzac trouve un premier prolongement dans le pastiche, à la fois «critique littéraire en action» pour Proust et préalable nécessaire à l'écriture pour ses vertus cathartiques. Les pastiches de *L'Affaire Lemoine* sont rédigés en 1908 avant que Proust n'ait véritablement mis en œuvre son projet de *Contre Sainte-Beuve*, mais ils lui sont étroitement liés. La première relation de «l'affaire Lemoine» se fait «Dans un roman de Balzac». L'affaire est évoquée au cours d'une soirée mondaine chez la marquise d'Espard, où se retrouvent de nombreux personnages «reparaissants», et d'abord les protagonistes des *Secrets de la princesse de Cadignan*, la princesse et d'Arthez. Une scène de conversation, où les reparties sont autant de blessures affectives ou d'amour-propre, est suivie d'une longue analepse prétendument explicative et donnant une dimension historique au fait divers. Proust transpose au début du XXe siècle une société balzacienne où la politesse des échanges est désignée comme le masque de drames intimes et comme le prélude à des conflits aux racines et retombées historiques.

Balzac pastiché

• «Dans un des derniers mois de l'année 1907, à un de ces "routs" de la marquise d'Espard où se pressait alors l'élite de l'aristocratie parisienne (la plus élégante de l'Europe, au dire de M. de Talleyrand, ce Roger Bacon de la nature sociale, qui fut évêque et prince de Bénévent), de Marsay et Rastignac, le comte Félix de Vandenesse, les ducs de Rhétoré et de Grandlieu, le comte Adam Laginski, Mme Octave de Camps, lord Dudley, faisaient cercle autour de Mme la princesse de Cadignan, sans exciter pourtant la jalousie de la marquise. N'est-ce pas en effet une des grandeurs de la maîtresse de maison — cette carmélite de la réussite mondaine — qu'elle doit immoler sa coquetterie, son orgueil, son amour même, à la nécessité de se faire un salon dont ses rivales seront parfois le plus piquant ornement ? N'est-elle pas en cela l'égale de la sainte ? Ne mérite-t-elle pas sa part, si chèrement acquise, du paradis social ? La marquise — une demoiselle de Blamont-Chauvry, alliée des Navarreins, des Lénoncourt, des Chaulieu — tendait à chaque nouvel arrivant cette main que Desplein, le plus grand savant de notre époque, sans en excepter Claude Bernard, et qui avait été l'élève de Lavater, déclarait la plus profondément calculée qu'il lui eût été donné d'examiner» (*L'Affaire Lemoine I*, «Dans un roman de Balzac», *op. cit.*, pp. 7-8).

• Citons également la première phrase de cet autre pastiche, bien antérieur puisqu'il paraît en 1903 dans *Le Figaro*, moins connu mais lecture en acte lui aussi et qui commence ainsi :

«Le salon de Mme Madeleine Lemaire»

«Balzac, s'il vivait de nos jours, aurait pu commencer une nouvelle en ces termes :

"Les personnes qui, pour se rendre de l'avenue de Messine à la rue de Courcelles ou au boulevard Haussmann, prennent la rue appelée Monceau, du nom d'un de ces grands seigneurs de l'ancien régime dont les parcs privés sont devenus nos jardins publics, et que les temps modernes feraient certes bien de lui envier si l'habitude de dénigrer le passé sans avoir essayé de le comprendre n'était pas une incurable manie des soi-disant esprits forts d'aujourd'hui, les personnes, dis-je, qui prennent la rue Monceau au point où elle coupe l'avenue de Messine, pour se diriger vers l'avenue Friedland, ne manquent pas d'être frappées d'une des particularités archaïques, d'une de ces survivances, pour parler le langage des physiologistes, qui font la joie des artistes et le désespoir des ingénieurs. […]"»

Le pastiche est surtout stylistique. Les effets d'écho que donne au texte de Balzac la réapparition des mêmes personnages dans l'ensemble *Comédie humaine* sont parodiés en allusions à l'intrigue de plusieurs romans et soulignés par l'usage répété de la parenthèse d'injonction explicite (voir *Le Cabinet des Antiques*). Le pastiche procède ainsi par saturation (G. Genette, *Palimpsestes*, Seuil, 1982), relevant et reprenant certaines formules récurrentes dans le texte balzacien pour les transformer, par un effet de concentration, en tics stylistiques : adresses au lecteur, réflexions auctorales, métaphore qualifiant un personnage en l'assimilant à un autre, qualification explicite des propos des personnages, généralisations motivantes. Le pastiche se fonde sur une étroite familiarité avec l'univers balzacien et sur une analyse intuitive, peut-être, mais très précise de son écriture. Le Balzac ainsi présenté est d'abord un texte, non seulement un univers mais une écriture; ainsi le personnage de Balzac n'est plus perceptible qu'à travers son œuvre, comme auteur-narrateur. De ce pastiche ressort le Balzac inventeur d'une forme de narration romanesque plus que le Balzac démiurge, et la mutation est importante.

Le discours critique du *Contre Sainte-Beuve* explicite les analyses qui sous-tendent les pastiches mais les accompagne d'un jugement. Proust fait un défaut de ce dont Balzac est le plus souvent crédité : nous donner à voir directement la réalité. Au lieu de transformer cette réalité, l'écriture de Balzac la commente, et Proust de lui reprocher d'« expliquer », de « qualifier » les réactions de ses personnages, de « résumer », bref de *dire* au lieu de *montrer*. Il fait cependant une exception pour la parole des personnages : « Ce même homme qui étale naïvement des vues historiques, artistiques, etc., cache les plus profonds desseins et laisse parler d'elle-même la vérité de la peinture du langage de ses personnages, si finement qu'elle peut passer inaperçue… » (*op. cit.*, p. 272).

Le propos critique est inséparable d'un propos théorique où Proust utilise Sainte-Beuve comme prétexte et repoussoir pour énoncer ses propres conceptions esthétiques. Proust reproche à Sainte-Beuve d'avoir totalement méconnu la grandeur de Balzac en jugeant l'homme social et par là en se trompant dramatiquement sur l'auteur et sur l'œuvre, au point de voir des défauts dans ses plus hautes qualités : il « semble faire un grief à Balzac de l'immensité même de son dessein, de la multiplicité de ses peintures » (p. 275-276). Cette critique constitue le point d'appui de la réflexion théorique de Proust sur la nécessaire distinction entre la personne biographique de l'auteur et l'auteur lui-même, distinction mise en pratique dans ses propres analyses.

Les premiers jugements de Proust sur Balzac dans le *Contre Sainte-Beuve* concernent l'homme, qui met « sur le même plan les triomphes de la vie et de la littérature » (p. 265). Mais ce reproche ne s'étend pas à l'œuvre puisqu'il voit là au contraire une origine possible de sa force de vérité. Il déplore cependant que la frontière ne soit pas assez étanche entre l'homme et son œuvre, entre sa correspondance et ses romans, entre la réalité et la littérature. On pourrait donc considérer que Sainte-Beuve n'est pas si coupable puisque c'est Balzac le premier qui pratique et donc favorise cette confusion entre la vie et l'œuvre.

Le reproche de Proust à Balzac est tout aussi grave que le déni de haute littérature que lui fait Sainte-Beuve : il est de méconnaître l'autonomie et la dimension esthétique de l'œuvre littéraire, et non pas de prétendre à de trop hautes ambitions comme le fait Sainte-Beuve. De cette méconnaissance de la spécificité de la littérature comme art résultent les autres défauts relevés par Proust. Et d'abord celui de ne pas avoir de style. Mais il ne faut pas se méprendre ; ce n'est pas d'une incapacité à bien écrire que Balzac est ainsi accusé, comme c'est souvent le cas, mais d'une incapacité à exprimer une vision singulière de la réalité : « Le style est tellement la marque de la transformation que la pensée de l'écrivain fait subir à la réalité que, dans Balzac, il n'y a pas à proprement parler de style » (p. 269).

C'est sans doute ici que se perçoit le mieux combien les jugements critiques du *Contre Sainte-Beuve* sont le fait de l'écrivain Proust et non du lecteur de Balzac qu'est celui qui le pastiche. Car toutes ces critiques s'effacent, perdent de leur négativité, lorsqu'on aime Balzac : « on l'aime avec un tout petit peu d'ironie qui se mêle à la tendresse ; on connaît ses travers, ses petitesses et on les aime parce qu'elles le caractérisent fortement » (p. 272). C'est au nom de ses propres principes esthétiques que Proust condamne ; le lecteur, lui, accepte l'écriture de Balzac comme singulière, autre. La pratique du pastiche, présupposant un style propre chez le pastiché, est celle du lecteur un peu ironique mais tendre.

Le discours sur Balzac développé (et inachevé) dans le *Contre Sainte-Beuve* s'inscrit certes contre le célèbre critique, mais plus généralement contre ou du moins à côté des jugements portés ordinairement sur Balzac : ne sont relevés que quelques-uns des points qui font la grandeur de son œuvre. Des stratégies narratives sont brièvement décrites :

> Bien montrer pour Balzac (*Fille aux yeux d'or, Sarrazine* [*sic*], *La Duchesse de Langeais,* etc.) les lentes préparations, le sujet qu'on ligote peu à peu, puis l'étranglement foudroyant de la fin. Et aussi l'interpolation des temps (*Duchesse de Langeais, Sarrazine* [*sic*]), comme dans un terrain où les laves d'époques différentes sont mêlées.

M. Proust, *Contre Sainte-Beuve* (*op. cit.*, p. 289).

L'essentiel porte sur les effets de lecture de « cette admirable invention de Balzac d'avoir gardé les mêmes personnages dans tous ses romans » (p. 274) : et d'abord la profondeur ainsi acquise par un geste ou un propos d'un personnage lorsqu'il fait écho, pour le lecteur, à un autre moment de *La Comédie humaine*. Cette lecture, qui lie activement un roman à l'autre, fait naître des significations neuves et Proust l'associe à la « psychologie si spéciale, et qui [...] n'a jamais été faite par personne » dont le meilleur exemple lui semble la scène de la fin d'*Illusions perdues* où Vautrin passe devant les ruines du château de Rastignac et qu'il appelle « la *Tristesse d'Olympio* de l'Homosexualité » (p. 274).

C'est bien *La Comédie humaine* comme roman de romans qui peut ainsi receler, entre les lignes, entre les romans, des interprétations neuves. Si Proust n'est pas le premier à considérer l'œuvre de Balzac dans sa totalité, il est le premier à en tirer des conséquences interprétatives. Il est le premier à lier la mise au jour de « mystérieuses lois de la chair et du sentiment » (p. 277) aux interprétations virtuelles, ouvertes par les échos lointains qu'autorise l'ensemble *Comédie humaine*. Il souligne ainsi la puissance de la machine balzacienne à générer des interprétations, et à inciter son lecteur à lever les yeux de son livre, à lire en lui-même : les grands livres sont des « incitations » (« Journées de lecture », *Contre Sainte-Beuve*, *op. cit.*, p. 176).

L'œuvre de Balzac est inséparable d'une réflexion sur la lecture ; en témoignent les personnages de lecteurs qui apparaissent dès le *Contre Sainte-Beuve* et qui ont en commun de ne pas la lire comme une œuvre littéraire : certains pour nier l'exactitude de ses peintures, d'autres par « simple intérêt d'imagination et d'observation » (p. 279). Ce mode de lecture est évidemment lié à la caractérisation de l'œuvre de Balzac comme ne faisant pas de « démarcation entre la vie réelle (celle qui ne l'est pas à notre avis) et la vie de ses romans (la seule vraie pour l'écrivain) » (p. 266), caractérisation essentielle au propos théorique du *Contre Sainte-Beuve*.

Ces personnages lecteurs de Balzac préfigurent ceux de la *Recherche*. On retrouve, avec Mme de Villeparisis, le lecteur qui méconnaît Balzac à la manière de Sainte-Beuve. Et l'amateur passionné de Balzac, qui donne «une sorte de valeur littéraire à mille choses de la vie qui jusque-là nous paraissaient trop contingentes» (p. 276). Ce lecteur capital, coupable d'idolâtrie et condamné de façon virulente dans les textes critiques, devient, incarné dans le baron de Charlus, un personnage qui, certes, n'écrit pas malgré ses aptitudes à le faire, mais qui pratique le détournement de texte qu'est la lecture de soi. Le Narrateur enfin dont l'analyse de *La Comédie humaine* comme «unité ultérieure, non factice» est célèbre, fait la preuve que cette lecture de soi peut, au prix d'un long travail, mener à l'écriture, et transformer le lecteur en écrivain[1].

> … la même ivresse que Balzac quand celui-ci, jetant sur ses ouvrages le regard à la fois d'un étranger et d'un père, trouvant à celui-ci la pureté de Raphaël, à cet autre la simplicité de l'Évangile, s'avisa brusquement en projetant sur eux une illumination rétrospective qu'ils seraient plus beaux réunis en un cycle où les mêmes personnages reviendraient et ajouta à son œuvre, en ce raccord, un coup de pinceau, le dernier et le plus sublime. Unité ultérieure, non factice. Sinon elle fût tombée en poussière comme tant de systématisations d'écrivains médiocres qui à grand renfort de titres et de sous-titres se donnent l'apparence d'avoir poursuivi un seul et transcendant dessein. Non factice, peut-être même plus réelle d'être ultérieure, d'être née d'un moment d'enthousiasme où elle est découverte entre des morceaux qui n'ont plus qu'à se rejoindre, unité qui s'ignorait, donc vitale et non logique, qui n'a pas proscrit la variété, refroidi l'exécution. Elle est (mais s'appliquant cette fois à l'ensemble) comme tel morceau composé à part, né d'une inspiration, non exigé par le développement artificiel d'une thèse, et qui vient s'intégrer au reste.

M. Proust, *La Prisonnière, À la recherche du temps perdu*, Gallimard, coll. «Bibliothèque de la Pléiade», 1988, t. III, p. 666-667.

La lecture de Balzac est donc à la fois celle qui présente le plus de risque d'idolâtrie et par là de stérilité esthétique, et celle qui permet le dépasse-

1. Sur les liens entre la référence à Balzac et la question de la lecture, voir l'article de Françoise Van Rossum-Guyon, «Proust et les secrets de la princesse de Cadignan», *Problèmes actuels de la lecture*, Clancier-Guénaud, 1982. Sur les personnages lecteurs et la mise en scène de la lecture dans la *Recherche*, voir notre ouvrage, *Le Double Miroir. Le Livre dans les livres de Stendhal à Proust*, Hachette, 1992.

ment de la lecture vers l'écriture de soi ; celle dont il est urgent de se déprendre : «On ne peut refaire ce qu'on aime qu'en le renonçant» (*Le Temps retrouvé*, *op. cit.*, t. IV, p. 620). Tel est le Balzac de la *Recherche*, celui qu'on lit en se l'appropriant, celui qu'on réécrit en le «renonçant», par exemple en transformant en idée de roman, en donnant à vivre au Narrateur une illumination tardive, qui est aussi facteur d'unité rétrospective.

4. L'ANCIEN ET LE MODERNE : LES BALZAC DU NOUVEAU ROMAN

Partons du postulat que le Nouveau Roman a existé, au moins comme objet de discours, de la fin des années 50 au début des années 70. Il ne s'agit pas d'affirmer par là une cohérence de projet ou d'écriture, ni l'existence d'une quelconque «école» ; il ne s'agit pas de nier le caractère circonstanciel de cette étiquette ni le flou des contours qu'elle dessine. Il s'agit simplement de rechercher quel rôle était assigné à la référence balzacienne dans les discours théoriques majeurs de quelques-uns de ceux qui ont accepté un certain temps de se reconnaître et de se regrouper sous cette étiquette.

Ces discours sur Balzac, pris dans une problématique de la modernité, présentent en outre l'avantage de mettre en évidence une particularité de la critique des écrivains : du fait de la dimension fortement polémique des débats qui ont entouré ce qu'on a appelé le Nouveau Roman à ses débuts, Balzac se trouve lu, relu à la lumière de la conception moderne du roman, dans un dédain plus ou moins marqué pour une appréhension historique. L'écrivain se démarque ainsi nettement de l'universitaire : il lit Balzac du point de vue de son engagement dans une écriture.

Nous retiendrons trois attitudes possibles : celle qui souligne, voire accentue l'écart entre Balzac auteur du passé et la conception «actuelle» des années 60. Telle est l'attitude d'Alain Robbe-Grillet dans les textes regroupés dans *Pour un nouveau roman* (Éd. de Minuit, 1963) et rédigés entre 1955 et 1963. Michel Butor adopte une position contraire : il réduit l'écart qui sépare l'œuvre ancienne de la problématique actuelle en privilégiant un Balzac «moderne», en actualisant son interprétation de Balzac.

Nous prendrons un troisième et double exemple dans l'attitude médiane de Claude Simon et de Nathalie Sarraute, qui dans *L'Ère du soupçon*[1] pour celle-ci, dans le *Discours de Stockholm* (Éd. de Minuit, 1986) pour celui-là, prix Nobel en 1985, évaluent la modernité de Balzac à son époque, par une démarche très proche de celle de l'histoire littéraire au sens d'histoire de l'évolution des formes littéraires.

L'adjectif «balzacien» est d'un usage fréquent dans les articles regroupés sous le titre *Pour un nouveau roman*. Il y a des «objets balzaciens», un «personnage balzacien», des descriptions et des «formes balzaciennes», bref un «roman balzacien», synonyme de roman ancien, voire de roman «éternel», celui qui serait fait «du personnage balzacien, de l'intrigue psychologique et de l'humanisme transcendant» (p. 144). Cette entité permet à Alain Robbe-Grillet de constituer l'œuvre de Balzac en pôle de comparaison parfois, en repoussoir le plus souvent.

Ainsi pour éclairer le nouveau statut de l'objet dans ses romans, Alain Robbe-Grillet l'oppose à l'objet balzacien, «humain», «rassurant», construisant un monde stable, ayant un sens stable, «un monde dont l'homme était le maître» (p. 119), au contraire des incertitudes du monde contemporain. L'opposition est plus claire encore entre les descriptions balzacienne et moderne :

> La description servait à situer les grandes lignes d'un décor, puis à en éclairer quelques éléments particulièrement révélateurs ; elle ne parle plus que d'objets insignifiants, ou qu'elle s'attache à rendre tels. Elle prétendait reproduire une réalité préexistante ; elle affirme à présent sa fonction créatrice. Enfin elle faisait voir les choses et voilà qu'elle semble maintenant les détruire [...].

A. Robbe-Grillet, *Pour un nouveau roman* (*op. cit.*, (p. 127).

Le monde balzacien est ainsi donné comme une simple copie du réel dont la fonction principale est de rassurer le lecteur sur la place qu'il occupe dans le monde, et sur la cohérence et la signification de celui-ci.

---

1. Ce volume, sous-titré *Essais sur le roman*, regroupe des textes publiés dans *Les Temps modernes* et la *Nouvelle Revue Française* de 1947 à 1956, NRF, Gallimard, 1956.

Cette critique de la description balzacienne sera reprise et approfondie par Jean Ricardou dans *Problèmes du Nouveau Roman* (Seuil, 1967), et dans *Pour une théorie du Nouveau Roman* (Seuil, 1971) : il lui reproche d'être illustrative et redondante en ce qu'elle n'est «pas productrice d'un sens mais le plus souvent produite à partir d'un sens» et suscite ainsi un débat au colloque de Cerisy sur le «Nouveau Roman» de 1971 (*Nouveau Roman : hier, aujourd'hui*, UGE 10/18, 1972, p. 250-251).

Cette confrontation de l'ancien et du nouveau est cependant atténuée dans *Pour un nouveau roman*, par la prise en compte de l'évolution «considérable» des formes romanesques : «Le Nouveau Roman ne fait que poursuivre une évolution constante du genre romanesque» (p. 115). Une filiation est ainsi établie entre les romans de Flaubert, Proust, et le Nouveau Roman. Et la revendication du droit à la modernité s'accompagne logiquement d'une extension de ce droit aux romanciers antérieurs : «Flaubert écrivait le nouveau roman de 1860, Proust le nouveau roman de 1910. L'écrivain doit accepter avec orgueil de porter sa propre date, sachant qu'il n'y a pas de chef-d'œuvre dans l'éternité, mais seulement des œuvres dans l'histoire» (p. 10).

Curieusement, cette réflexion ne remonte pas au-delà de Balzac et tient celui-ci à l'écart de toute évolution, dont Robbe-Grillet concède qu'elle a commencé «tout de suite, à l'époque de Balzac lui-même» mais pour prendre comme exemple le jugement porté par celui-ci sur la confusion des descriptions de *La Chartreuse de Parme*. Balzac (quoique parfois associé à Mme de Lafayette) est pris comme origine absolue, hors de l'histoire des formes romanesques puisque c'est lui qui les fixe. Il n'est donc pas question de lui reconnaître le droit de s'accorder à la modernité de son époque. Ou bien c'est pour le lui reprocher, c'est pour constater l'«étroite relation entre le roman balzacien et le triomphe de la bourgeoisie» (p. 34), et combien le roman «balzacien» est tributaire d'une idéologie périmée, par exemple des «vieux mythes de la profondeur» (p. 22). Ainsi l'ordre du récit est-il «lié à tout un système, rationaliste et organisateur, dont l'épanouissement correspond à la prise de pouvoir par la classe bourgeoise» (p. 31); de même que le «narrateur omniscient, omniprésent» témoigne d'une conception du monde où «l'homme était la raison de toute chose, la clef de l'univers et son maître naturel, de droit divin...» (p. 119). Le recours à des présupposés marxistes vient ici conforter la condamnation de Balzac et sa relégation hors de l'histoire du roman.

Mais l'essentiel n'est sans doute pas dans l'argument idéologique. Les raisons de cette condamnation sont d'abord esthétiques. C'est le modèle balzacien que refuse énergiquement Robbe-Grillet, c'est-à-dire Balzac constitué en modèle normatif et imposé par une critique traditionnelle. Et Balzac se voit donc assimilé à la conception étroite qu'on peut se faire du modèle romanesque qu'il élabore. Il est significatif de ce point de vue que la seule référence précise soit *Le Père Goriot*, et que *La Comédie humaine* ne soit jamais envisagée comme autre chose que le titre des œuvres complètes de Balzac.

De surcroît, le modèle balzacien n'est pas seulement une norme pour l'évaluation critique, il est constitutif d'attentes de lecture; il est donc considéré comme responsable de la «grille d'interprétation périmée» que le lecteur du XXe siècle applique aux romans modernes. Grille d'évaluation pour l'institution critique, grille d'interprétation pour les lecteurs, l'œuvre de Balzac disparaît derrière l'usage qui en est fait et derrière cette caricature qu'est devenu ce qui était initialement un principe d'invention, le modèle balzacien.

Quoique novatrice, la réflexion de Michel Butor dans ses *Essais sur le roman* (NRF, Gallimard, coll. «Idées», 1969) n'est jamais polémique et ses travaux critiques rassemblés dans les quatre volumes de *Répertoire*, le plus souvent liés à une pratique d'enseignement, ont un statut fort différent du texte-manifeste de Robbe-Grillet. On comprend dès lors que sa référence à Balzac se fasse très différemment. Il est d'ailleurs frappant de voir combien elle est fréquente; de nombreux romans sont cités à l'appui des diverses analyses : sur roman et poésie, sur l'espace romanesque, sur les techniques romanesques ou le livre comme objet.

Références insistantes et diversifiées font de l'œuvre de Balzac une réserve privilégiée d'exemples et c'est dans ce privilège qu'on peut lire une intention polémique. Butor amorce ainsi une réflexion sur «Balzac et la réalité» :

> Il m'est d'autant plus agréable de parler de Balzac que la plupart du temps on se sert de lui comme d'une sorte d'épouvantail pour essayer d'intimider toute tentative de rénovation, d'invention dans le roman contemporain. On oppose d'une façon simplette le roman dit « balzacien » au roman moderne, c'est-à-dire à toutes les œuvres importantes du XXe siècle ; or c'est un jeu d'enfant de montrer que ce roman « balzacien » actuel ne s'inspire, en réalité, que d'une infime partie de l'œuvre de Balzac et que les seuls héritiers véritables de ce grand homme dans les cinquante dernières années sont Proust, Faulkner, etc.

M. Butor, *Répertoire I* (1959), éd. de Minuit, 1973.

L'essentiel est dit : c'est d'un Balzac « moderne » qu'il sera question. Montrer la modernité de Balzac consiste d'abord à situer dans son œuvre l'origine de certaines problématiques ou pratiques d'écriture nouvelles. Ainsi Butor voit dans *La Muse du département* où est reproduite la mise en page du roman que lisent les personnages, *Olympia*, un exemple d'attention au livre comme objet. Et analysant la description des objets dans *Le Père Goriot* et *La Peau de chagrin*, il la considère, à l'inverse de Robbe-Grillet, comme créatrice de signification et mettant en évidence « l'ébranlement fondamental d'une société » (*Essais sur le roman*, *op. cit.*, p. 63). On voit que l'innovation romanesque, pour Butor, peut trouver son origine dans Balzac et pas dans le seul Flaubert. Il considère en effet l'entreprise de Balzac comme une « exploration méthodique de tous les modes de narration » (*Répertoire II*, éd. de Minuit, 1974, p. 193) et donc conforme à sa propre conception du roman comme recherche.

Ce ne sont pas tant les romans considérés séparément qui retiennent Butor que leur organisation, leur structuration dans *La Comédie humaine*. Il y voit « le premier exemple d'une œuvre conçue en blocs distincts que chaque lecteur, en fait, aborde dans un ordre différent », c'est-à-dire un dispositif de lecture qui fait de cet ensemble de romans un « mobile romanesque » (« Balzac et la réalité », in *Répertoire I*, *op. cit.*, p. 83). Non seulement l'interprétation varie selon le trajet de lecture choisi, mais la lecture de tel roman singulier change selon le nombre de romans que l'on peut faire entrer en correspondance avec lui. Butor établit ainsi Balzac en précurseur de ses propres recherches sur le dispositif de mise en livre ; et lorsqu'il insiste sur le caractère volontaire et systématique de l'exploration que mène Balzac de la forme romanesque, il décrit ainsi un travail analogue au sien.

C'est une autre caractéristique du nouveau roman que Butor reconnaît dans Balzac : l'aptitude à se réfléchir lui-même. Ainsi dans *La Muse du département* ou *L'Illustre Gaudissart*, Balzac fait « une comédie romanesque dans laquelle il montre le roman en action » (*Répertoire III*, éd. de Minuit, 1975, p. 176), agissant comme révélateur d'une vérité ou comme récit séducteur adressé par Paris à la province. Dans la mesure où il s'avère « capable à l'intérieur de lui-même de montrer comment il apparaît, comment il se produit au milieu de la réalité », le roman balzacien se conforme à la caractérisation faite par Butor du « roman poétique » (*Essais sur le roman*, *op. cit.*, p. 46). Ce Balzac novateur rejette dans le conformisme d'une lecture étroite le Balzac copiste d'une réalité préexistante que décrit Alain Robbe-Grillet. Butor souligne au contraire l'autonomie du monde créé par Balzac, non copie mais « contraction de la réalité » (« Balzac et la réalité », *op. cit.*, p. 90), et préfigure ainsi les lectures structurales et sémiotiques qui en seront faites. À l'heure où tous s'accordent pour considérer en Flaubert le seul précurseur du Nouveau Roman avant Proust, cette entreprise de lecture à neuf de Balzac préfigure nombre de réévaluations ultérieures.

Nathalie Sarraute et Claude Simon occupent une position intermédiaire dans leurs propos sur Balzac. Dans *L'Ère du soupçon* (Gallimard, 1956), qui est moins un manifeste qu'une réflexion sur le nécessaire renouvellement des formes romanesques, Sarraute, comme Robbe-Grillet, se sert de l'œuvre de Balzac comme d'un pôle d'opposition : dans son analyse des mutations du personnage, le « type » humain constitue la forme ancienne dont s'écartent définitivement les personnages de Dostoïevski et de Kafka, « simples supports, porteurs d'états parfois encore inexplorés que nous retrouvons en nous-mêmes » (p. 40). Elle s'insurge également contre l'usage normatif que la critique fait du modèle balzacien. Mais elle lui associe Flaubert dans ce rôle d'exemple de la manière de « "camper" un héros de roman » (p. 55). Et il n'y a guère d'ambiguïté dans son propos : elle ne les tient ni l'un ni l'autre pour responsables de la fonction normative que leur a assignée la critique.

Claude Simon aussi situe sa recherche par rapport et contre Balzac, mais en déplaçant le point d'opposition : il se démarque du projet de totalisation balzacien dans lequel les éléments de l'œuvre sont conçus comme pièces en attente d'intégration dans une unité à venir. Pour Simon, cette visée est un leurre, tout comme le commentaire qui tisse entre tous les éléments un réseau de liens explicatifs et donne au roman un aspect didactique qu'il récuse.

Mais l'un comme l'autre soulignent le caractère novateur du roman balzacien au moment où il se construit. Claude Simon conteste l'adjectif balzacien pour désigner le roman traditionnel ou plutôt «conventionnel». C'est en effet oublier «que les formes romanesques de Balzac étaient a) absolument neuves et propres à Balzac et b) étroitement liées à un moment très précis de l'histoire dont nous sommes loin...» («Réponses de Claude Simon à quelques questions écrites de Ludovic Janvier», *Entretiens*, 31, 1972, p. 18.). Il qualifie Balzac de «hardiment novateur à son époque», par exemple dans les «longues et minutieuses descriptions de lieux ou de personnages» (*Discours de Stockholm*, *op. cit.*, p. 19).

Nathalie Sarraute situe l'invention dans la façon d'exprimer la psychologie du personnage : l'avarice d'un Grandet n'est pas donnée comme une catégorie psychologique convenue mais est manifestée par les gestes les plus anodins, les objets les plus concrets : «C'était cela qu'il s'agissait de mettre au jour, d'explorer jusqu'à ses extrêmes limites, de fouiller dans tous ses replis : une matière dense, toute neuve, qui résistait à l'effort et attisait la passion de la recherche» (*op. cit.*, p. 61). Montrer Balzac cherchant à «inciter le lecteur à accéder à une vérité qui se conquiert de haute lutte» (p. 63), c'est souligner la nouveauté de sa recherche et la similitude de cette démarche avec la sienne propre. Cette parenté est confortée par la reprise que Sarraute n'hésite pas à faire, pour son écriture, de la qualification de «réaliste» : lorsqu'elle définit l'auteur réaliste comme celui qui s'attache avant tout «à saisir», «à scruter», «ce qui lui apparaît comme étant la réalité» (p. 141), elle décrit sa propre entreprise dans les termes mêmes qu'elle utilisait pour Balzac. Avec une autre argumentation que Simon, elle rejoint aussi Butor dans l'actualisation de Balzac, par l'établissement d'une filiation entre le romancier ancien et les romanciers modernes.

Dès lors que l'on quitte le terrain de la polémique, l'opposition entre le roman «balzacien» et le Nouveau Roman cesse d'être radicale ; le nouveau cherche tout autant à se différencier de l'ancien qu'à se situer avec lui dans une perspective commune, celle de la transformation des formes littéraires. Que Balzac soit celui dont le nom résume le modèle romanesque élaboré au cours du XIXe siècle témoigne d'ailleurs assez, par-delà les utilisations parfois contestables qui en ont été faites, de la puissance de ce modèle.

Il n'en reste pas moins que la lecture de Balzac a sans doute pâti du soupçon que les débats autour du Nouveau Roman ont fait peser sur le roman conforme au modèle balzacien. Un important colloque consacré en 1980 à Balzac s'ouvrait sur la question : «Peut-on recommencer avec Balzac, par-delà l'ère du soupçon ?» Son titre : *Balzac, l'invention du roman*, proposait déjà une réponse (Belfond, 1982).

2

L'ARBRE ET LA FORÊT

Zola s'inquiétait du sort que la postérité réserverait à Balzac et aux autres écrivains modernes condamnés par le marché du livre «à produire et produire encore» pour gagner leur vie et ne pas être oubliés («L'argent dans la littérature», *op. cit.*, p. 203). De fait, les dimensions de l'œuvre du «plus fécond de nos romanciers» constituent un défi au lecteur. Il n'est pas facile d'en maîtriser la totalité et la diversité, et la tentation est grande de la réduire à quelques textes essentiels dont on voudrait considérer qu'ils sont le «miroir concentrique de l'univers» balzacien. Aussi a-t-on souvent privilégié un fragment ou une image de Balzac, au détriment des autres et au rebours de sa tension fondamentale vers l'exhaustivité. Nous observerons tout d'abord la difficulté des contemporains à voir l'œuvre derrière le personnage de Balzac, puis les problèmes d'édition et de lecture posés par l'opération *Comédie humaine*. Nous étudierons ensuite plus particulièrement le rôle conféré aux deux romans les plus connus, *Eugénie Grandet* et *Le Père Goriot*, chargés de représenter l'œuvre, mais la masquant souvent, dans le passé et le présent. Nous analyserons enfin la place accordée à celui qu'on pourrait appeler «l'autre Balzac», souvent négligé, celui des romans de jeunesse, des *Contes drolatiques*, du journalisme ou du théâtre.

1. LA RÉCEPTION DE BALZAC

Pour mieux comprendre l'accueil fait aux romans de Balzac, il faut rappeler quel est le statut du roman au début du XIXe siècle. Malgré l'admiration vouée à certains romans particuliers du passé ou du présent : *Don Quichotte*, *La Nouvelle Héloïse*, *Werther*, *Corinne* de Mme de Staël, il est encore considéré comme un genre mineur, indigne de faire partie de la catégorie des Belles Lettres. Un pas important, essentiel pour Balzac, vient certes d'être fait vers la reconnaissance : Walter Scott, dont les traductions remportent un grand succès au début de la Restauration, a élevé le roman à «la valeur philosophique de l'Histoire», lui a donné un sérieux et des lecteurs auxquels il ne pouvait prétendre auparavant. Le roman reste cependant un genre problématique. Son succès, qui fait augmenter la demande de romans dans les cabinets de lecture, et par une majorité de lectrices plus que de lecteurs, ne fait que nuire à sa dignité. Un jeune écrivain qui ambitionne la gloire littéraire commence par écrire des poèmes, des pièces de théâtre, ou de la philosophie plutôt que des romans : c'est le cas de Balzac.

Au siècle précédent déjà, en 1764, Choderlos de Laclos remarquait : «De tous les genres d'Ouvrages que produit la Littérature, il en est peu de moins estimés que celui des Romans; mais il n'y en a aucun de plus généralement recherché et de plus avidement lu» (cité dans *Idées sur le roman*, Henri Coulet dir., Larousse, 1992). Cette contradiction témoigne de l'écart entre le jugement de la critique qui se fonde sur une hiérarchie des genres à l'évolution très lente et le jugement du public qui se porte vers ce qui lui paraît intéressant ou plaisant. Cette divergence est encore très vive au cours de la première moitié du siècle, et ce n'est que progressivement que la critique officielle en viendra à considérer le roman comme un genre aussi noble que le théâtre. C'est chose faite à la fin du siècle et Balzac est pour beaucoup dans ce changement de statut.

Parce qu'il était romancier, et que, malgré quelques tentatives au théâtre, il n'était que cela, à la différence de Chateaubriand, Hugo ou Lamartine, Balzac connaîtra des difficultés avec l'institution critique. L'opposition entre un succès notable auprès du public et un accueil critique réservé voire hostile se prolonge presque jusqu'à la fin de sa carrière. On peut distinguer plusieurs phases dans cette évolution parallèle de l'accueil fait à son œuvre :

• Ses premières publications, de 1822 à 1824, relèvent de ce qu'il appelle lui-même la «littérature marchande». Ce sont des romans dont les premiers sont écrits en collaboration, et pour lesquels il prend un pseudonyme, lord R'Hoone puis Horace de Saint-Aubin. Destinés aux cabinets de lecture, ce sont des romans romanesques où Balzac fait l'apprentissage des genres à la mode, roman noir, historique, sentimental ou romantique. Ils ne retiendront pas l'attention de la critique, sinon *Wann-Chlore*, pour lequel un article assez favorable est écrit dans *Le Frondeur impartial* en 1825.

• Après cet échec et celui de son entreprise d'édition, Balzac accède enfin à la notoriété en 1831, avec *La Peau de chagrin*. *Le Dernier Chouan* et *La Physiologie du mariage* avaient été remarqués en 1829 mais le second surtout parce qu'il avait fait scandale. Les *Scènes de la vie privée* tirées à 800 exemplaires s'étaient bien vendues mais la critique était réservée. Le succès ne commence donc pas pour Balzac avec son premier roman signé, *Le Dernier Chouan*, mais avec *La Peau de chagrin* qui obtient de nombreux comptes rendus positifs. Balzac est consacré conteur du monde moderne et de la femme ; il devient à la mode et les grandes revues, lues par un public restreint et lettré, publient en 1834 de nouvelles « Scènes de la vie privée » (*La Transaction*, *Madame Firmiani*, *La Femme de trente ans*). Sainte-Beuve fait une place dans ses « portraits littéraires » à ce conteur fêté dans les salons. Mais ce succès reste ambigu et il se voit enfermé dans une image de « contier » de talent.

Le premier succès

La Peau de chagrin, conte philosophique et fantastique, obtient un compte rendu dans tous les organes importants : *L'Artiste*, *Le Globe*, *L'Avenir*, *La Revue des Deux Mondes*. On y voit l'expression fidèle de la société moderne. *Le Constitutionnel* du 28 octobre 1831 déplore certes son « scepticisme déprimant », mais Philarète Chasles, dès le 6 août, s'en enthousiasme dans *Le Messager des Chambres* :

« Vous plaît-il de voir apparaître, sous forme vivante, notre civilisation d'aujourd'hui, toute parée, toute folle d'ennui et de luxe, avec son dégoût, son désespoir, ses bons mots, ses velléités de sciences et de religion, ses créations qui avortent, ses vertus qui ne sont pas écloses, son état phosphorique, semblable à la lueur émanée des endroits infects, ses prétentions de grandeur, de sévérité, de patriotisme, d'énergie, de rénovation, de génie et d'organisation, de conservation, de durée et son néant réel, son mal intime, son manque de foi, sa faiblesse de volonté, son inanité, sa décrépitude, sa force factice, comme celle de l'ivresse, passagère, comme celle que le galvanisme communique à un corps mort ? Lisez ce livre. […] Il y a dans l'œuvre de M. de Balzac, le cri de désespoir d'une société expirante. »

Le roman sera réédité dès septembre 1831 ; il connaît sept éditions du vivant de Balzac, dont deux séparées.

• Ce succès diminue sensiblement entre 1837 et 1842, surtout auprès de la critique. La première explication est à chercher dans les stratégies éditoriales de Balzac, qui n'hésite pas à participer aux entreprises de librairie visant à élargir le public du roman : le feuilleton-roman puis les rééditions compactes et à prix modiques que lance en 1838 l'éditeur Charpentier. Balzac publie donc dans *La Presse*, premier quotidien bon marché, le premier roman diffusé en feuilletons quotidiens : *La Vieille Fille*, publié du 23 octobre au 4 novembre 1836. Cette formule promise à une grande expansion suscite alors la méfiance ou l'indignation. Sainte-Beuve voit dans cette «littérature industrielle», soumise à des critères commerciaux, la perte de la haute littérature, pure de tout but lucratif («De la littérature industrielle», 1839, Sainte-Beuve, *De la critique*, *op. cit.*, 1992). Balzac est alors méprisé en tant que feuilletoniste et assimilé à Frédéric Soulié ou à Eugène Sue. Un fait ponctuel a d'autre part irrité la critique et la presse contre Balzac : la publication en 1839, avec *Un grand homme de province à Paris*, seconde partie d'*Illusions perdues*, d'une description très acérée des mœurs des petits journaux et de l'antagonisme entre le journalisme et la création. C'est dans un climat défavorable que paraît la première livraison de *La Comédie humaine* qui ne va pas désarmer la critique, au contraire.

• Pourtant Balzac connaît à nouveau le succès, aussi bien auprès du public que des critiques en place, avec *Les Parents pauvres*, ses deux derniers romans publiés. Ils sont cependant publiés en feuilletons, et en partie écrits au rythme de la publication, mais le succès «immense» auprès du public emporte l'adhésion de la critique. «Tout le monde crie au chef-d'œuvre», écrit Balzac à Mme Hanska, à propos de *La Cousine Bette*. Avec la mort de Balzac, l'éloge remarquable de Hugo et de Lamartine, la critique abandonne un peu de ses réticences, et pourra commencer le lent processus de légitimation qui n'est vraiment accompli qu'au tournant du siècle.

Réserves et hostilités de la critique contemporaine de Balzac

• Jules Janin, *La Revue de Paris*, juillet 1839 (cité par Zola, «Jules Janin et Balzac», in «De la critique» (1880), *op. cit.*). Après une comparaison avec George Sand, Jules Janin mêle Balzac aux feuilletonistes et romanciers populaires, et distingue Vigny, Hugo et Sainte-Beuve.

«… M. de Balzac n'est pas le roi des romanciers modernes; le roi des romanciers modernes, c'est une femme, un de ces grands esprits pleins d'inquiétude qui cherchent leur voie, et qui même, quand elle écrit ses plus beaux romans, me produit l'effet d'Apollon gardant les troupeaux d'Admète. Viennent ensuite tantôt à côté, tantôt derrière M. de Balzac, tantôt devant lui, plusieurs romanciers qui, comme lui, regardent avec grand mépris la société telle qu'elle se comporte; écrivains d'une grande audace, d'une fécondité merveilleuse. Quel ouvrage de M. de Balzac a été plus rempli de mouvements et d'incidents divers que *Les Mémoires du Diable* ? Quel conte de M. de Balzac est supérieur à *La Femme de quarante ans*, par M. de Bernard ? Quand donc M. de Balzac a-t-il poussé l'ironie plus loin que M. Eugène Sue ! A-t-il rien écrit pour la fraîcheur des descriptions, pour la grâce murmurante et printanière du paysage, qui soit préférable aux adorables caprices de M. Alphonse Karr ? N'oublions pas, dans un genre plus élevé, le roman de M. Alfred de Vigny et *Notre-Dame de Paris*, et *Volupté* qui est un livre à part, sans compter tant de beaux petits contes que j'oublie, tous remplis de délire, d'imagination et d'amour… »

• Chaudes-Aigues, *Les Écrivains modernes de la France*, Gosselin, 1841.
«Une des prétentions de Balzac pour laquelle nous serons impitoyables, c'est celle que révèle hautement le titre général de ses œuvres, de connaître à fond les mœurs du siècle et de les peindre avec une rigoureuse vérité. Quelles sont donc les mœurs que peint M. de Balzac ? Des mœurs ignobles et dégoûtantes, ayant pour seul mobile un intérêt sordide et crapuleux. S'il faut en croire le prétendu historien philosophe, l'argent et le vice sont le moyen et le but unique pour tous les hommes d'aujourd'hui; les passions perverses, les goûts dépravés, les penchants infâmes animent exclusivement la France du dix-neuvième siècle, cette fille de Jean-Jacques et de Napoléon !»

• C. Hippolyte Castille, «M. H. de Balzac», *La Semaine*, 4 octobre 1846.
«En considérant les détails de *La Comédie humaine*, vaste palais auquel il manque encore tant de colonnes et d'arceaux, on conserve deux impressions bien distinctes : la première est une profonde admiration pour l'artiste qui fouille d'une main si ferme et si intelligente ces bas-reliefs du cœur humain, les passions. La seconde, hélas, il faut bien le dire, n'est qu'une immense tristesse mêlée de mépris pour cette humanité dont un ciseau impitoyable vient de sculpter les difformités morales. De ce mépris naît je ne sais quel dégoût de la vie qui vous domine durant plusieurs jours.»

La réception de Balzac se fait donc sous le signe de l'incompréhension d'une grande partie de la critique, ce qui pousse le romancier à la prévenir en instaurant un dialogue avec ses lecteurs. Ce dialogue continu, surtout à partir de 1834, témoigne des obstacles que Balzac rencontrait et de la nécessité où il se trouvait d'expliquer sans relâche son projet. Ainsi dans la préface de *La Peau de chagrin*, il s'insurge contre l'image que lui renvoient les lecteurs de la *Physiologie du mariage*, celle d'un vieillard immoral. La préface du *Père Goriot* revient sur cette accusation d'immoralité, mais sur le mode ironique. Celle du *Lys dans la vallée* prévient la confusion que pourraient faire les lecteurs entre l'auteur et le narrateur-personnage Félix de Vandenesse.

Si Balzac se substitue ainsi aux critiques et se fait le « cicérone de son œuvre », c'est sans doute parce qu'il juge les critiques incompétents, mais aussi parce qu'il sait l'incompréhension en partie inévitable : comme tous les lecteurs contemporains, ils ne peuvent pas ne pas lire les romans successivement, et séparément. Il sont contraints à une lecture fragmentaire par « la nécessité où se trouve l'auteur de publier séparément les différentes parties d'un grand tout » (préface de la première édition de *Pierrette*, *La Comédie humaine*, Gallimard, coll. « Bibliothèque de la Pléiade », t. IV, p. 26). Balzac hésite entre la résignation à être incompris tant que l'œuvre entière n'est pas lisible, et l'effort d'explication de la totalité de son projet. L'accroissement du nombre de préfaces après 1834 coïncide d'ailleurs avec les premières formulations précises du projet d'ensemble, confiées à Mme Hanska et à Félix Davin qui signe les « Introductions » aux *Études philosophiques* puis aux *Études de mœurs* du XIXe siècle en 1834 et 1835.

Dans la seconde moitié du siècle, commence le processus irrégulier par lequel Balzac devient un classique et que décrit David Bellos dans son ouvrage déjà cité, *Balzac Criticism, 1850-1900. The Making of a Reputation*. Processus qui commence par une longue période de relatif silence de la critique, après les hommages funèbres, et de désintérêt du public. On peut considérer le nombre des rééditions et le nombre de tirages de ces rééditions comme des indicateurs grossiers mais utiles : les tirages des ouvrages de Balzac réédités restent très limités entre 1850 et 1870, même si les rééditions sont nombreuses : ils sont de l'ordre de 2 000 alors que les tirages des romans de Dumas ou de Sand tournent autour des 10 000. Mais alors que ces derniers voient le nombre des rééditions de leurs romans diminuer très fortement à partir des années 1880, le nombre des rééditions des romans de Balzac croît nettement à partir de la fin des années 1880 et davantage encore dans les années 1890. Ce retour marqué de Balzac dans la faveur du public s'accompagne d'une présence de plus en plus grande dans le discours critique, et d'un respect de moins en moins contesté. La critique universitaire, Émile Faguet dès 1887, puis Ferdinand Brunetière dans son *Manuel de la Littérature française* en 1898, font de Balzac, au prix d'une simplification et d'un affadissement certains, un réaliste classique, et un modèle romanesque. À la fin du siècle, et à la faveur des publications qui accompagnent le centenaire de sa mort, Balzac est devenu un classique.

Quelques dates du devenir classique de Balzac

• 1876 : Publication de la *Correspondance* ; on reconsidère l'homme Balzac (bon, moral, héros et martyr de la volonté).
• 1879 : Balzac devient objet d'études universitaires ; C. Spœlberch de Lovenjoul publie en supplément à l'édition définitive des *Œuvres complètes* chez Calmann-Lévy son *Histoire des œuvres de Balzac*.
• 1887 : Émile Faguet, universitaire important, analyse dans ses *Études littéraires sur le XIXe siècle*, le « réalisme classique » de Balzac, qu'il reconnaît dans de nombreux romans (mais non dans tous).
• 1889 : *Eugénie Grandet* fait son entrée dans la liste des lectures requises à l'agrégation de l'enseignement secondaire spécial.
• 1895 : Publication des premières *Pages choisies d'Honoré de Balzac* à usage scolaire, introduction de Gustave Lanson.
• 1905 : André Le Breton, *Balzac, l'homme et l'œuvre*, Armand Colin.

2. L'EFFET *COMÉDIE HUMAINE*[1]

Ce chapitre examine les implications, pour Balzac et son lecteur, de l'entreprise de rassemblement et de réorganisation en fonction d'un projet théorique global que constitue la publication en 1842 de *La Comédie*

1. Titre emprunté à un chapitre de N. Mozet, *Balzac au pluriel*, PUF, 1990, p. 287.

humaine. Il voudrait aussi s'interroger sur la prise en compte de ce projet global dans les travaux critiques et les éditions de Balzac.

La Comédie humaine n'est ni un projet conçu dès le départ dans sa globalité et dont l'exécution aurait été accomplie ensuite méthodiquement (comme *Les Rougon-Macquart*) ni une opération purement éditoriale réorganisant après coup les romans dans une présentation systématique. Le projet de totalisation est très ancien, mais il s'actualise dans des ensembles mouvants, et s'élabore moins comme un édifice architectural, pierre à pierre et des fondations au faîte, que comme une mosaïque (deux métaphores familières à Balzac) dont les pièces seraient relativement mobiles. Écriture et édition sont étroitement liées dans le travail d'élaboration de l'œuvre balzacienne ; telle est la leçon à tirer de l'examen de ce travail, tendu vers l'achèvement et le définitif de la publication des *Œuvres complètes*, et le remettant sans arrêt sur le chantier.

Différentes phases de l'effort de totalisation

(d'après S. Vachon, *Les Travaux et les Jours d'Honoré de Balzac*, PUV, CNRS, Presses Universitaires de Montréal, 1992)

• 1824-25 : projet d'une *Histoire de France pittoresque*. *Le Gars*, devenu ensuite *Le Dernier Chouan*, en aurait fait partie.
• 1830 : projet d'études sur les mœurs sociales du présent : les premières *Scènes de la vie privée* en sont un aboutissement.
• 1831 : première édition des *Romans et contes philosophiques*.
• 1834 : projet d'une « grande édition générale de l'œuvre [...] sous le titre d'*Études sociales* » (lettre à Mme Hanska du 18 octobre 1834), accompagné d'un plan tripartite : Études de mœurs, Études philosophiques, Études analytiques.
• 1837-38 : projet de regroupement des publications chez un éditeur unique.
• 1840 : apparition du titre « *La Comédie humaine* » dans la *Correspondance*.
• avril 1842-août 1846 : première livraison et publication de *La Comédie humaine*.
• 1845 : catalogue de *La Comédie humaine*.
• 1848 : volume supplémentaire : *Les Parents pauvres*.

Le projet de totalisation vient donc de loin. Pourtant *La Comédie humaine* constitue indiscutablement un seuil à partir duquel l'œuvre de

Balzac apparaît autre, doit apparaître autre, selon la volonté souvent exprimée de Balzac. Celui-ci a très vite réclamé pour son œuvre une lecture de la totalité, qui ne sélectionne pas, ne fragmente pas. Or cette lecture n'est possible au mieux qu'une fois la publication des seize volumes de *La Comédie humaine* terminée. On sait d'ailleurs que cet achèvement n'en est pas un. *Les Parents pauvres*, absents du plan de 1845, écrits après la fin de la publication de *La Comédie humaine*, sont publiés dans un volume supplémentaire des *Scènes de la vie parisienne* en 1848. Cet achèvement ne se produit qu'à la mort de Balzac, quand l'œuvre en cours ne peut plus être poursuivie.

Les préfaces : pour une lecture de la totalité

- **Préface de la première édition d'*Illusions perdues*, 1837**

«Quand un écrivain a entrepris une description complète de la société, vue sous toutes ses faces, saisie dans toutes ses phases, en partant de ce principe que l'état social adapte tellement les hommes à ses besoins et les déforme si bien que nulle part les hommes n'y sont semblables à eux-mêmes, et qu'elle a créé autant d'*espèces* que de *professions*; qu'enfin l'Humanité sociale présente autant de variétés que la Zoologie, ne doit-on pas faire crédit à un auteur aussi courageux d'un peu d'attention et d'un peu de patience ? Ne saurait-il être admis au bénéfice accordé à la science, à laquelle on permet, alors qu'elle fait ses monographies, un laps de temps en harmonie avec la grandeur de l'entreprise ? Ne peut-il avancer pied à pied dans son œuvre, sans être tenu d'expliquer, à chaque nouveau pas, que le nouvel ouvrage est une pierre de l'édifice, et que toutes les pierres doivent se tenir et former un jour un vaste édifice ? Enfin n'y a t-il pas de grands avantages à la faire connaître en détail, quand l'ensemble est aussi considérable ? En effet, ici chaque roman n'est qu'un chapitre du grand roman de la société.»

- **Préface de la première édition d'*Une fille d'Ève*, 1839**

«Jusqu'au jour où cette longue histoire des mœurs modernes mise en action sera finie, l'auteur est forcé de recevoir sans mot dire les critiques étourdies qui s'obstinent à juger isolément des parties d'œuvre destinées à s'adapter à un tout, à devenir autre chose par la superposition, par l'addition ou par le voisinage d'un fragment encore sur le chantier.»

L'injonction répétée (dans les «Introductions» aux *Romans et contes philosophiques* et aux *Études de mœurs* signées par Félix Davin en 1834 et 1835) d'attendre de lire la totalité pour juger a été perçue comme une façon de se soustraire à la juridiction de la critique tant que l'édifice n'était pas terminé, et le signe d'une excessive prétention, telle est l'opinion de Chaudes-Aigues. On a souvent considéré l'entreprise de réédition des romans sous le titre de *La Comédie humaine* comme une affaire commerciale, une opération de librairie. Elle l'était aussi : Balzac en la publiant en format in-huit, dans une typographie serrée et une présentation compacte (non seulement les préfaces ont été supprimées, mais les chapitres et de nombreux alinéas) lui donne l'allure austère qui convient à la haute littérature. Mais d'autre part, en réduisant le nombre de volumes à seize (au lieu d'une centaine auparavant), vendus à un prix réduit, en l'illustrant de gravures, il cherche aussi à atteindre un public plus large, la nouvelle «masse lisante». Pour sa vision totalisante de la société et de la littérature contemporaines, Balzac veut un public total.

De fait, il faudra du temps pour que Balzac soit assimilé à l'auteur de *La Comédie humaine*. Il faudra que le personnage Balzac et sa légende passent au second plan, que son entreprise littéraire soit imitée par Zola, puis, très différemment, par Proust. Il faudra que celui-ci lui donne le sens d'une relecture et de la découverte d'un principe de liaison nécessaire, inscrit dans l'œuvre avant même d'être pensé. Il faudra surtout que la réflexion critique puisse concevoir ce geste de rassemblement et de mise en écho comme un dispositif de multiplication infinie des significations. Alain, pourtant grand lecteur de Balzac, portait encore un jugement très négatif : «L'idée de *La Comédie humaine* est par elle-même stérile; faire revenir les personnages, montrer les différences d'âge et de puissance, retrouver les mêmes visages; cela est trop facile à concevoir et à entreprendre» (*Avec Balzac*, Gallimard, 1937, p. 61; anciennement *En lisant Balzac*, 1935).

La lecture de *La Comédie humaine* dans son intégralité présente de surcroît un véritable défi au lecteur. Comment maîtriser cet immense assemblage d'univers fictionnels ? Certes les recoupements sont fréquents et le retour des personnages peut être considéré sinon comme une aide, du moins comme une tentative pour réduire la multiplicité. Mais pour que les personnages reparaissants fonctionnent comme repères aidant à la lecture, il faut des instruments. Balzac lui-même avait esquissé le début d'un répertoire des personnages dans la préface d'*Une fille d'Ève* en rédigeant la fiche bio-bibliographique de Rastignac. Le premier «Répertoire» a été établi par A. Cerfberr et J. Christophe en 1887. Fernand Lotte puis Pierre Citron et Anne-Marie Meininger ont établi l'«Index des personnages fictifs» pour les deux éditions successives de la Pléiade[1]. Plusieurs éditions de poche récentes en proposent des fragments, témoignant ainsi du souci — nouveau dans ce type d'édition non savante — de liaison des romans entre eux.

Or si, du vivant de Balzac, la publication séparée des romans permettait, voire impliquait, une lecture séparée, il peut en être de même ultérieurement : la publication séparée des romans en permet une lecture autonome et oublieuse de l'appartenance de chaque partie au grand Tout. Cela vaut aussi pour les sous-ensembles, comme l'*Histoire des Treize* ou *Les Parents pauvres*. L'*Histoire des Treize* qui pourrait facilement faire l'objet d'une édition unique a souvent été dispersée, pour privilégier *La Duchesse de Langeais* ou *La Fille aux yeux d'or*. Les choix éditoriaux sont déjà significatifs de partis pris de lecture qu'ils imposent sans toujours les expliciter. *La Maison du chat-qui-pelote* s'interprète tout autrement si elle est lue en elle-même ou bien comme le premier récit de la première section des «Études de mœurs». *Ferragus* et sa description des valeurs morales et sociales des rues de Paris également, si on le considère comme le premier récit des «Scènes de la vie parisienne» en même temps que de l'*Histoire des Treize*.

L'emplacement de *La Maison du chat-qui-pelote*

«En 1842, installer ce texte en première place, à l'ouverture d'un projet aussi vaste que cette grande symphonie qu'est *La Comédie humaine*, c'est le désigner clairement comme *la meilleure*, du point de vue de l'auteur, des "Scènes de la vie privée" de 1830. Et l'on trouve effectivement dans cette petite nouvelle, à la différence des autres textes de la même époque, une véritable

1. *Répertoire de «La Comédie humaine» de H. de Balzac*, Calmann-Lévy, 1887. Les «Index» se trouvent dans le tome XII de la nouvelle édition de P. G. Castex dans la bibliothèque de la Pléiade, Gallimard, 1976-1981. Il existe une édition séparée du *Dictionnaire biographique des personnages fictifs de «La Comédie humaine»* de Fernand Lotte, José Corti, 1952-1956, 2 vol. (nouvelle édition en 1967).

méditation sur la représentation artistique à partir de la notion de "modèle", qui est le fondement même de l'esthétique réaliste. [...] Par conséquent mettre *La Maison du chat-qui-pelote* en position de locomotive, c'est bel et bien transformer en étude théorique la seule des scènes de 1830 qui s'y prêtait quelque peu» (N. Mozet, *Balzac au pluriel*, PUF, 1990, p. 304).

Un autre problème d'édition et de lecture concerne le choix de l'édition reproduite. Il est de tradition, pour établir un texte, d'éditer la dernière version corrigée par l'auteur, donc pour *La Comédie humaine*, l'édition Furne corrigée par ses soins, dite «Furne corrigé». Ce choix qui respecte les dernières volontés de l'auteur, respecte du même coup toutes les corrections, suppressions et transformations que Balzac a opérées au cours des rééditions successives. Or on peut vouloir donner à lire un roman dans sa première version pour pouvoir le situer dans son contexte historique. Dans cette perspective, il est aussi important de rééditer les préfaces que Balzac a remplacées dans *La Comédie humaine* par l'«Avant-propos». Les éditions séparées récentes fournissent de plus en plus souvent le texte de ces préfaces.

La Peau de chagrin de 1831 ou de 1845 ?

«... à partir de 1835, *La Peau de chagrin* est datée de "La Bouleaumière, avril 1831". Le résultat est que le lecteur mal informé lit un texte qui est de 1845 ou de plus tard sous un millésime de quatorze ou de quinze années antérieures. Il en résulte d'innombrables risques d'erreur dans la lecture et l'interprétation. Ce risque est particulièrement sensible pour *La Peau de chagrin*, texte d'une actualité immédiate et brûlante, œuvre d'un journaliste et d'un conteur bien différent de l'auteur de la future *Comédie humaine*, et qui, en dépit de toute l'importance de la visée "philosophique", n'a pas encore en 1831 la couleur métaphysique qu'il pourra prendre, coupé de ses origines et de son premier contexte, dans l'ensemble de l'œuvre organisée» (préface de Pierre Barbéris à l'édition qu'il a faite du texte de 1831, Livre de poche, Librairie générale française, 1972).

Publier *La Comédie humaine* semble offrir moins de latitude de choix que la publication d'un roman séparé : c'est un ensemble à l'architecture claire, publié et corrigé par Balzac comme tel. La plupart des éditions des *Œuvres complètes* reproduisent pour *La Comédie humaine* cet ordre autorisé, allant parfois jusqu'à la reproduction en fac-similé de l'édition «Furne»[1]. Pourtant les éditeurs ont parfois proposé un ensemble différent de celui du «Furne corrigé» et, du même coup, une autre lecture. Pierre-Georges Castex, considérant la suppression des chapitres et de leurs titres comme imposée à Balzac par l'édition compacte de 1842, les rétablit et propose en 1965 un texte aéré, où les repérages sont plus faciles (*La Comédie humaine*, éd. du Seuil, coll. «L'Intégrale», 1965-1966, 7 vol.). Cette facilitation possible n'est cependant pas le seul effet de cette modification : le rétablissement des titres introduit un commentaire de son propre récit par le narrateur, fait parfois sur un mode ironique ou parodique qui tranche avec le sérieux voire le dramatique de la fiction. Ainsi les titres de chapitres de *La Cousine Bette* font apparaître une ironie à l'égard des emprunts au mélodrame qui se marque dans les interstices du récit. Un échantillon de ces titres est donné en exemple dans le *Balzac* d'Isabelle Tournier et Annette Rosa (A. Colin, 1992).

Certaines éditions de *La Comédie humaine* remettent en cause l'ordre même choisi par Balzac et qui correspondait à une hiérarchisation des savoirs : de la peinture des effets à la recherche des causes jusqu'à l'énoncé des principes, pour aller vite, de la sociologie à la philosophie. Telle est la justification fournie à plusieurs reprises pour ce plan élaboré dès 1834 dans une lettre à Mme Hanska et repris dans l'«Avant-propos» en 1842.

• Lettre à Mme Hanska du 26 octobre 1834

«Les *Études de mœurs* représenteront tous les effets sociaux [...]. Cela posé, l'histoire du cœur humain tracée fil à fil, l'histoire sociale faite dans toutes ses parties, voilà la base. Ce ne seront pas des faits imaginaires; ce sera ce qui se passe partout.

1. Telle est l'édition des *Œuvres complètes illustrées*, publiée sous la direction de J.-A. Ducourneau, Les Bibliophiles de l'Originale, 1965-1976, 26 vol., édition inachevée : les tomes XXVII et XXVIII, fin des œuvres diverses, ne sont pas parus.

Alors la seconde assise sont les *Études philosophiques*, car après les *effets*, viendront les *causes*. […] Puis, après les *effets* et les *causes*, viendront les *Études analytiques* dont fait partie la *Physiologie du mariage*, car après les *effets* et les *causes*, doivent se rechercher les *principes*. Les *mœurs* sont le *spectacle*, les *causes* sont les *coulisses et les machines*. Les principes, c'est l'*auteur*» (*Lettres à Mme Hanska*, Roger Pierrot éd., Robert Laffont, coll. «Bouquins», 1990, t. I, p. 204-205).

• «Avant-Propos», 1842

«… pour mériter les éloges que doit ambitionner tout artiste, ne devais-je pas étudier les raisons ou la raison de ces effets sociaux, surprendre le sens caché de cet immense assemblage de figures, de passions et d'événements. Enfin après avoir cherché, je ne dis pas trouvé, cette raison, ce moteur social, ne fallait-il pas méditer sur les principes naturels et voir en quoi les Sociétés s'écartent ou se rapprochent de la règle éternelle, du vrai, du beau ?» (*La Comédie humaine*, *op. cit.*, t. I, p. 11).

Dans son édition de *L'Œuvre de Balzac* au Club français du livre de 1966 (anciennement *Formes et reflets*, 1950-1953), Albert Béguin, considérant que Balzac n'était pas vraiment «cet esprit systématique qu'il croyait être» et que son plan n'était qu'une «solution de fortune», propose un tout autre principe d'organisation : il rétablit une continuité au niveau de la fiction en ordonnant chronologiquement les romans selon l'époque où se passe l'histoire. Il s'agit pour lui de restituer «à l'ensemble son unité organique», de rendre plus sensible «d'une part la marche des années durant le demi-siècle balzacien, et d'autre part, le temps romanesque qui porte du passé à l'avenir l'immense fiction et sa population de vivants personnages» («Présentation», *op. cit.*, t. I, p. II et IV). Le projet de rationalisation logique est effacé au profit d'un projet de création démiurgique, et l'entreprise de connaissance remplacée par un effort pour mimer l'évolution d'un organisme social vivant. La remise en ordre est pleinement une interprétation : de la référence à la science comme un leurre, de l'écriture romanesque comme création de personnages dont les destins sont solidaires et de la lecture comme découverte d'une «mystérieuse texture du réel».

L'édition des *Œuvres de Balzac* aux Éditions Rencontre (Lausanne, 1958-1962), que préface et annote Roland Chollet, ne simule pas l'existence d'un monde balzacien qui aurait son temps propre mais s'attache à la chronologie tout à fait réelle de l'écriture et de la publication, puisque les deux sont étroitement liées chez Balzac. Tout en s'en tenant au texte du Furne corrigé, donc sans prétendre à une fidélité parfaite à la genèse de l'écriture de *La Comédie humaine*, elle cherche à « restituer un mouvement orienté, une certaine convergence des jaillissements de la création » (*op. cit.*, t. I, p. 15), et constitue une première esquisse d'une édition génétique encore à venir.

Selon l'optique de recherche que l'on se donne, on peut juger plus ou moins intéressants ces partis pris éditoriaux. Leur simple possibilité atteste la capacité de l'architecture balzacienne à allier rigueur logique et plasticité, à offrir plusieurs entrées et parcours possibles et en même temps qu'un ordre, toute liberté pour le bouleverser.

3. L'INSTITUTION ET LE MODÈLE : *EUGÉNIE GRANDET, LE PÈRE GORIOT*

Choisir d'étudier ces deux romans parce qu'ils éclipsent l'œuvre en se substituant souvent indûment à elle, c'est faire un choix qui écarte d'autres romans, tout aussi intéressants, comme *La Peau de chagrin* ou *Illusions perdues*. Ce choix peut se justifier cependant du fait du rôle particulier joué par *Eugénie Grandet* du vivant de Balzac et au-delà, et de la place privilégiée occupée par *Le Père Goriot* dans l'institution scolaire. On a vu qu'*Eugénie Grandet* avait été le premier texte de Balzac à figurer dans un programme officiel de formation d'enseignants. L'École ne pouvait en effet légitimer qu'un texte irréprochable, et celui-ci satisfaisait les plus difficiles en 1889. Le rôle de modèle du roman balzacien attribué ensuite au *Père Goriot* tient à des raisons esthétiques plus qu'éthiques, et à la place qui lui a été attribuée par la critique balzacienne. Il faut insister sur la nature institutionnelle de cette sorte de palmarès : il s'agit des choix de l'École. Le nombre des rééditions des romans séparés dans la seconde moitié du siècle place en tête d'autres romans, souvent ceux qui sont accusés d'immoralité.

• Romans le plus souvent réédités séparément, par décade, de 1850 à 1900

1850-1859 : *Splendeurs et misères des courtisanes, Mémoires de deux jeunes mariées, La Peau de chagrin, La Cousine Bette.*
1860-1869 : *Le Lys dans la vallée, Mémoires de deux jeunes mariées, Eugénie Grandet.*
1870-1879 : *Le Père Goriot, Splendeurs et misères des courtisanes, La Cousine Bette.*
1880-1889 : *Eugénie Grandet, Le Père Goriot, Ursule Mirouet.*
1890-1899 : *Histoire des Treize, Eugénie Grandet, Le Père Goriot.*
(D'après D. Bellos, *Balzac Criticism, op. cit.*, p. 92.)

• Balzac dans les listes d'oral de français au baccalauréat

Eugénie Grandet et *Le Père Goriot*, avec *La Peau de chagrin*, correspondent sans doute le mieux à l'image que donne de Balzac le discours scolaire. Pour l'École, le roman se réduit essentiellement au roman du XIXe siècle et plus étroitement encore au roman réaliste.
Parmi les romanciers les plus lus des classes de première, Balzac ne vient qu'en troisième position derrière Flaubert et Stendhal dans les listes d'extraits regroupés pour l'oral, ou en cinquième position (derrière Flaubert, Maupassant, Stendhal et Zola) parmi les auteurs d'œuvres intégrales[1].
Est-ce parce qu'il est moins conforme à ce réalisme, d'ailleurs peu défini, qui caractérise les autres auteurs cités ? Parmi les rubriques thématiques dans lesquelles sont regroupés les extraits de ses œuvres, c'est la rubrique «Romantisme» qui vient en tête. *Le Père Goriot* est l'œuvre narrative intégrale de Balzac la plus fréquemment citée, suivie de *La Peau de chagrin*. Il faut noter, à côté de cette priorité accordée à des romans attendus, l'étalement des titres qui permet une diversité remarquable, permise évidemment par l'œuvre elle-même, mais où peut se percevoir le souci de sortir des références obligées.

«*Eugénie Grandet*, avec laquelle on a assassiné tant de choses de moi.» Dans cette lettre à Mme Hanska (*op. cit.*, t. I, p. 582), Balzac

1. Voir les études menées par l'équipe de recherche de l'INRP dirigée par Bernard Veck sur l'épreuve de français au baccalauréat, dont les résultats sont publiés dans *Texte, Thème, Problématique*, B. Veck dir., INRP, 1992, et dans l'*Observatoire des listes d'oral de français au bac de la session 1992*, INRP, 1993.

dénonce avec lucidité et amertume le rôle que les critiques ont fait jouer à *Eugénie Grandet* : isoler ce texte contrevient d'abord au principe de lecture de l'ensemble de l'œuvre et de l'œuvre comme ensemble ; de plus, le succès immédiat et remarquable obtenu par ce roman l'a constitué en modèle que la critique a pu invoquer pour dénigrer d'autres romans. Modèle du roman réaliste, de la scène de la vie privée comme de la vie de province, modèle d'étude psychologique des ravages de la monomanie, modèle de composition romanesque équilibrée, de tableau de genre ; toutes ces qualités reconnues à l'un pouvaient se retourner contre les autres. Ainsi Sainte-Beuve parle de ce roman comme d'une authentique réussite mais pour aussitôt rejeter le reste de l'œuvre comme un « pêle-mêle effrayant ». À la fin du siècle, lorsque les jugements sur Balzac sont moins négatifs, ils comportent néanmoins souvent des réserves dont *Eugénie Grandet* se voit excepté. Émile Faguet qui tient Balzac pour un romancier réaliste remarquable mais déplore le romanesque excessif autant que la grossièreté de son réalisme, porte sur *Eugénie Grandet* un jugement sans mélange :

> Je ne vois qu'un très petit nombre de ses romans où la proportion juste des parties satisfasse pleinement l'esprit. Il faut citer au premier rang de ceux-ci *Eugénie Grandet,* où le récit se développe d'un mouvement lent, mais continu et s'arrête à point précis, dans un sentiment très juste de ce que la curiosité et l'émotion du lecteur réclament.

É. Faguet, *Études littéraires, XIXe siècle,* Boivin et Cie éd., 1887, p. 445.

Eugénie Grandet a sans doute fortement contribué à la représentation qu'on se fait le plus souvent du modèle narratif balzacien, caractérisé par le déséquilibre entre le bloc exposition-préparations, lentes et longues et la partie dramatique (drame-dénouement) dense et rapide. Ce que Maurice Bardèche décrit ainsi dans *Balzac, romancier* (Genève, Slatkine Reprints, 1967, p. 474) comme un modèle générateur pour la poétique narrative balzacienne modélise ensuite les attentes du lecteur de Balzac et l'amène à considérer comme déviants des récits autrement structurés.

Les lectures successives d'*Eugénie Grandet* sont très représentatives de l'évolution des questions posées à l'œuvre de Balzac. Les premières recherches se sont attachées à rechercher les sources géographiques et biographiques du roman. Balzac a-t-il connu un avare dont il aurait fait le modèle de son personnage ? Est-il allé à Saumur ? On a longtemps cru qu'un certain Nivelleau avait joué le rôle de modèle. Mais Pierre-Georges Castex, dans son édition pour les Classiques Garnier de 1965, a démontré que le matériau utilisé par Balzac pour élaborer l'espace et les personnages de son roman venait de Touraine et non de Saumur. Inutile donc de vouloir retrouver la maison Grandet à Saumur et de chercher autour de Balzac un modèle possible pour Grandet, personnage composite comme le sont toujours ses personnages.

C'est encore Pierre-Georges Castex qui a contesté la filiation qu'une tradition dans l'étude des sources livresques avait établie entre Harpagon et Grandet : celui-ci est un avare moderne, un homme d'investissement et non de thésaurisation, qui sait accroître sa fortune. Pierre Barbéris a poursuivi cette réinterprétation plus sociologique que psychologique du personnage et a d'autre part souligné la parenté de ce roman de 1834 avec celui de 1825, *Wann-Chlore* : les héroïnes en sont deux jeunes filles écrasées par un milieu familial étouffant.

Les lectures récentes ont poursuivi ce travail « en décapant le roman de la crasse d'une admiration universelle, qui va comme de soi et ne s'interroge plus sur ses motivations de fond ». Philippe Berthier, dans le commentaire d'*Eugénie Grandet* pour la collection « Foliothèque » (Gallimard, 1992), comme Nicole Mozet, éditeur du roman pour la Pléiade, font une synthèse très éclairante de ces lectures. Au lieu du roman édifiant qu'une image édulcorée pouvait présenter, toutes insistent sur sa violence. On y voit une inversion du conte de fées, et dans Eugénie une Belle au bois dormant condamnée à la jouissance fantasmatique (interprétation de John Gale citée par P. Berthier), et transposant dans son amour l'avarice de Grandet. On restitue à Eugénie la force de caractère dont on avait pu la croire privée et aux relations fille-père leur ambiguïté incestueuse et leur ambivalence : la fille soumise en vient, lorsqu'elle se rebelle par amour, au meurtre symbolique de son père et indirectement au meurtre de sa mère, tuée par la colère du père. La scène de la vie privée devient tragédie, mais tragédie bourgeoise (P. Berthier, *op. cit.*, p. 110-111).

• Éditions du vivant de Balzac

Le nombre d'éditions donne souvent une juste mesure du succès d'un ouvrage auprès du public et quel que soit l'accueil critique. Il faut aussi considérer comme significatives les éditions chez Charpentier, qui inventa en 1838 l'ancêtre du livre de poche, en fournissant en un seul volume compact des rééditions d'ouvrages sûrs à un prix très réduit (3 F 50 au lieu de 7 F le volume pour un in-8).

Eugénie Grandet a connu cinq éditions dont trois séparées :
1. déc. 1833, dans les *Scènes de la vie de province* (vol. 5 et 6 des *Études de mœurs au XIXe siècle*), Mme C. Béchet, 2 vol. in-8.
2. août 1839, Charpentier, 1 vol. in-18.
3. févr.1842, Charpentier, nouv. éd.,1 vol. in-18.
4. janv. 1843, dans le 5e vol. de *La Comédie humaine*, Furne, in-8.
5. nov. 1849, Charpentier, nouv. éd.,1 vol. in-18.
Il faut y ajouter la réimpression qu'en publie *Le Constitutionnel*, en cahiers détachables, en avril 1847, et noter que c'est le premier des sept récits ou romans de Balzac choisis pour cette réimpression en quotidien.

Le Père Goriot a connu cinq éditions du vivant de Balzac dont quatre séparées :
1. mars 1835, Werdet et Spachmann, 2 vol. in-8.
2. mai 1835, Werdet et Spachmann, 2 vol. in-8.
3. oct. 1837, Werdet et Spachmann, 4 vol. in-12.
4. mars 1839, Charpentier, 1 vol. in-18.
5. nov.1843, dans les *Scènes de la vie parisienne* de *La Comédie humaine*, Furne,1 vol. in-8 (dans le «Furne corrigé», passe dans les *Scènes de la vie privée*).

Seul *La Peau de chagrin*, avec huit éditions, compte plus d'éditions du vivant de Balzac.

• Éditions disponibles

Actuellement sont disponibles en librairie seize éditions différentes d'*Eugénie Grandet* et dix-huit du *Père Goriot*.

Dès le mois d'avril 1835, la presse parle de l'«immense succès» du *Père Goriot*, et Balzac de s'en réjouir auprès de Mme Hanska, tout en déplorant que *La Recherche de l'absolu* n'ait pas reçu l'accueil escompté : «Il n'y a pas de succès comparable à celui de *Goriot*. Ce stupide Paris, qui a négligé l'*Absolu*[1], vient d'acheter la première édition de *Goriot* à 1 200 exemplaires avant les annonces. Il y a deux autres éditions sous presse» (*op. cit.*, t. 1, p. 234). La majorité des comptes rendus de presse sont positifs. Mais des réserves apparaissent car Balzac sort du rôle de conteur qui lui était reconnu jusque-là : on parle d'exagération, de déséquilibre, d'immoralité, toutes critiques qui reviendront souvent à propos des autres romans de Balzac.

Dans les lectures ultérieures du roman, la place centrale qui lui est accordée se justifie de ce qui s'y inaugure le retour systématique des personnages, jusqu'alors épisodique. Le roman est considéré comme une cellule-mère par Thibaudet, comme une œuvre-seuil, l'étape majeure dans la genèse de l'œuvre comme totalité organisée et organique : que l'accent soit mis sur la genèse de l'œuvre par elle-même comme chez Maurice Bardèche, sur la genèse de la pensée politique et sociale comme chez Bernard Guyon ou qu'elle soit liée au contexte historique et sociopolitique par Pierre Barbéris, qu'elles l'incluent ou non, les études de la genèse de Balzac mènent au *Père Goriot* comme à un accomplissement[2].

Les lectures du *Père Goriot* se sont d'abord attachées aux personnages. Les contemporains n'ont parfois vu dans le héros éponyme que le «type exagéré du sentiment purement instinctif, du sentiment qu'aucune lueur de raison n'éclaire» (*Le Constitutionnel* 13 avril 1835, cité dans l'édition de Pierre-Georges Castex, Classiques Garnier, p. XLIX) auquel on refuse avec indignation d'accorder l'auréole christique dont le pare Balzac :

> Je ne puis avoir pour ce sentiment de paternité poussé «jusqu'à la déraison» qu'un sentiment de pitié pénible, car la monomanie attriste ou fait rire, selon les goûts, mais elle n'attire pas. Puis-je être plus touché quand, au lieu de ce langage emprunté au dictionnaire de la physiologie

1. Ce roman ne sera édité que trois fois du vivant de Balzac dont une fois seulement en édition séparée.
2. M. Bardèche, *Balzac, romancier. La formation de l'art du roman jusqu'à la publication du «Père Goriot» (1820-1835)*, Plon, 1940, Genève, Slatkine Reprints, 1967; B. Guyon, *La Pensée politique et sociale de Balzac*, A. Colin, 1947, 1967); et P. Barbéris, *Balzac et le mal du siècle* (1799-1833), 2 vol., Gallimard, 1971.

> et de la médecine, l'auteur se sert, pour peindre l'amour paternel, de mots consacrés à un autre amour ? Cette transposition de sentiments et de style me choque encore plus. »

Saint-Marc Girardin, *Cours de littérature dramatique,* 1843 (cité dans Jeannine Guichardet, *Le Père Goriot d'H. de Balzac,* Gallimard, coll. « Foliothèque », 1993).

La critique contemporaine ne s'effarouche pas mais voit en Goriot le « père-mère », et plus encore le « père-amant », « incestueux par procuration », et l'analyse en termes psychanalytiques comme « l'expression déguisée d'une profonde frustration, une projection dans l'idéal de l'image que Balzac lui-même pouvait avoir de sa mère » (Anne-Marie Baron, « La double lignée du père Goriot ou les composantes balzaciennes de l'image paternelle », *L'Année balzacienne*, 1985).

Le personnage de Rastignac a été comparé à son auteur (quasiment même famille et même vie d'étudiant) par Pierre Citron (*Dans Balzac*, Seuil, 1986, p. 176-178). Son défi, aux dernières lignes plusieurs fois réécrites, du roman : aller dîner chez Mme de Nucingen, est interprété comme la marque de la mort du héros romantique par Pierre Barbéris :

> Ce n'est pas chez Delphine, la femme et l'amante enfin reconquise, que se rend Rastignac. C'est chez Mme de Nucingen, la femme du banquier, qui ne peut plus rien lui refuser, dont le mari va l'aider à faire sa fortune, et qui est son associée. La lune de miel est finie. Rastignac ne sera pas piégé par l'amour romantique. Il ne rêvera pas plus qu'il ne fera rêver. Les beaux ténébreux, bannis ou triomphants, sont finis. Rastignac signe un roman qui est celui non de la complaisance à ses propres profondeurs, mais de l'engagement dans l'Histoire.

P. Barbéris, *« Le Père Goriot » de Balzac. Écriture, structures, significations,* Larousse, 1972, p. 287.

Vautrin est sans doute le personnage qui a le plus fasciné : on se souvient de l'admiration de Proust pour cette analyse audacieuse de l'homosexualité. Lukács en fait le meilleur exemple de la concentration du fantastique balzacien, « qui n'est chez lui qu'une réflexion menée radicalement jusqu'à son terme, sur les nécessités de la réalité sociale, et cela en dépassant les limites de leurs possibilités quotidiennes ou même réelles, de réalisation» (G. Lukács, *Balzac et le réalisme français*, 1937, trad. française 1967, Maspéro, p. 63). Per Nykrog rattache la conception de ce personnage à la pensée politique de Balzac :

> ... pour que la Pensée lucide puisse s'imposer au Mouvement dans la sphère nationale, et puisse la guider dans la confrontation avec d'autres sphères, il faut qu'une Pensée unique et personnelle occupe le centre, mais pour pouvoir dominer effectivement les situations, il faut qu'elle soit très forte, très concentrée et entravée au minimum dans son épanouissement. Une pluralité de volontés opposées serait le jouet des circonstances. Et surtout il ne faut pas mêler une moralité intempestive à l'exercice du pouvoir sur l'Enfer social : il engloutirait le chef socialement affaibli comme il engloutit tous ceux qui ne jouent pas son jeu. Vautrin sert à Balzac d'incarnation de cette possibilité qu'a une «volonté» très puissante de jouer avec le social.

Per Nykrog, *La Pensée de Balzac dans «La Comédie humaine»*, Munksgaard, Klincksieck, 1965, p. 370.

L'incipit du roman et la description de la pension Vauquer et de sa patronne ont aussi fait l'objet de nombreuses études. Deux exemples récents seront empruntés l'un à l'ouvrage de Jean Paris, *Balzac* (Balland, 1986), l'autre à celui de Nicole Mozet, *Balzac au pluriel* (*op. cit.*). Un autre exemple, de Jean-Pierre Richard, en sera donné ultérieurement.

1. Un prologue générateur

Jean Paris, pratiquant une lecture à rebours de la lecture traditionnelle de Balzac, le crédite de «l'invention de *logiques narratives* que ses précurseurs n'avaient fait qu'entrevoir, et qui vont mettre en cause la formulation comme la teneur des textes mêmes. À commencer, contrairement au préjugé tenace d'une écriture "réaliste", par une pratique tendant à contester les informations qu'elle véhicule. Ce serait le cas des fameux *prologues descriptifs*; dont on (le lecteur) ne s'avise pas souvent qu'ils figurent symboliquement l'histoire qui va suivre, ni qu'ils se trouvent, comme elle, déjà minés de l'intérieur par les contradictions qui s'y dissimulent» (p. 133). Il analyse ensuite toutes les incertitudes et contradictions de l'ouverture du *Père Goriot* : incertitudes sur Mme Vauquer, sur l'adresse de la pension, sur les pensionnaires qui de surcroît dissimulent leur statut réel, pour conclure que le prologue «n'est fait que d'antithèses, d'antinomies, de contradictions, c'est-à-dire des éléments antagonistes les plus propres à *générer* l'histoire qui va suivre» (p. 136).

> **2.** La maison de Mme Vauquer, « un rébus » (Nicole Mozet)
>
> « Le parallélisme est total entre la pension et les pensionnaires, qui ont en commun le même masque d'anonymat et de nullité. Aussi peut-on utiliser pour la maison les mêmes catégories que pour l'analyse des personnages : d'abord le temps du masque (qui comprend la phase de l'occultation et celle des fausses pistes), puis la levée du masque (qui englobe les deux phases des indices vrais et de la révélation) » (p. 84).
>
> « Au terme de la description, le mystère de la pension est élucidé [...]. En réalité la description sert à expérimenter de façon exemplaire la méthode d'investigation qui va être employée par la suite à analyser les personnages, en particulier les pensionnaires [...]. Le rapport entre la maison et ses occupants est donc un rapport d'homologie, mais pas du tout au niveau de la ressemblance, comme dans les descriptions archéologiques où il y a harmonie entre les lieux et les mœurs, mais à un niveau beaucoup plus abstrait. La pension est le lieu de la plus grande distance entre l'apparence et la réalité puisque c'est une maison anonyme que sa propriétaire essaie de faire considérer comme un château, et qui est en réalité un taudis. C'est pourquoi c'est elle qui a le plus de titres pour fournir l'occasion à l'auteur de faire une démonstration de sa technique de lecture » (p. 87-88).

Il ne faudrait pas conclure de ces pages que *Eugénie Grandet* et *Le Père Goriot* sont les seuls romans étudiés actuellement. *Le Lys dans la vallée* et *La Peau de chagrin* sont très présents à l'oral de l'épreuve de français du baccalauréat; et les références à Balzac s'y dispersent en outre sur des titres très divers. On note un regain d'intérêt pour les récits courts, et un effort pour sortir des œuvres les plus connues. Il reste cependant beaucoup à faire pour effacer l'image qu'ont de nombreux lycéens d'un Balzac embaumé et ennuyeux.

4. L'AUTRE BALZAC

Balzac est un romancier, le romancier. Un romancier que l'on sait aussi historien et philosophe, mais dont *La Comédie humaine* constitue les œuvres complètes. Tel était le vœu de Balzac : faire de cette somme littéraire le tout de son œuvre. Ce vœu est largement exaucé, dans l'image que l'on se fait le plus souvent de lui. Mais c'est oublier d'autres aspects de son écriture, d'autres Balzac : Balzac pseudonyme, Balzac journaliste, Balzac auteur des *Contes drolatiques*, Balzac dramaturge.

Balzac pseudonyme

Faut-il considérer comme un Balzac à part entière celui qui portait le masque de Lord R'Hoone ou d'Horace de Saint-Aubin pour écrire des romans pour cabinets de lecture ? On a hésité longtemps, certains hésitent encore. Entre 1822 et 1824, on l'a vu, Balzac a écrit de nombreux romans dont certains en collaboration ; huit lui ont été attribués avec certitude. Inaperçus lors de leur première édition, ils n'auront droit qu'à un succès de curiosité lorsqu'il seront réédités du vivant de Balzac entre 1836 et 1840 sous le pseudonyme de Saint-Aubin devenu transparent. Ces romans romantiques, écrits à partir des genres à la mode au début de la Restauration, ont souffert de ne jamais être reconnus officiellement par leur auteur. Celui-ci leur avait infligé des qualificatifs dépréciatifs qui ont suffi longtemps à les faire tenir en suspicion : deux d'entre eux sont dits appartenir à la « littérature marchande » dans leurs préfaces, et un autre est traité de « cochonnerie littéraire » dans la correspondance de Balzac.

1. Publications des romans de jeunesse du vivant de Balzac

1822

– *L'Héritière de Birague*, par A. de Villerglé et lord R'Hoone.
– *Jean-Louis ou la fille trouvée*, par A. de Villerglé et lord R'Hoone.
– *Clotilde de Lusignan ou le beau juif*, par lord R'Hoone.
– *Le Centenaire ou les deux Béringheld*, par Horace de Saint-Aubin.
– *Le Vicaire des Ardennes*, par Horace de Saint-Aubin.

1823

– *La Dernière Fée ou la nouvelle lampe merveilleuse*, par Horace de Saint-Aubin.

1824

– *Annette et le criminel*, anonyme.
– *La Dernière Fée*, seconde édition.

1825

– *Wann-Chlore*, anonyme.

2. Œuvres complètes d'Horace de Saint-Aubin

1836

– *Jane la pâle* (Wann-Chlore).

– *La Dernière Fée*, précédée de *Vie et malheurs d'H. de Saint-Aubin*, par Jules Sandeau.

– *Le Vicaire des Ardennes.*

– *Argow le pirate (Annette et le criminel).*

1837

– *Le Sorcier (Le Centenaire).*

– *L'Excommunié*, roman posthume (inédit).

1840

– *L'Israélite (Clotilde de Lusignan).*

– *Dom Gigadas* (inédit).

Il faut attendre le milieu du XXe siècle pour voir rééditer ces romans : ils le sont partiellement dans les éditions des œuvres complètes d'Albert Béguin, de Maurice Bardèche, et de Jean A. Ducourneau, quasi complètement dans celle de Roland Chollet[1]. En 1961-1963, Jean A. Ducourneau édite le fac-similé des huit romans publiés entre 1822 et 1825; cette édition en quinze volumes est suivie d'un seizième : *Aux sources de Balzac. Les romans de jeunesse*, par Pierre Barbéris (Les Bibliophiles de l'Originale). Depuis ces rééditions et l'étude inaugurale de Pierre Barbéris, ces romans retiennent l'intérêt des chercheurs : on en perçoit l'importance, non seulement pour étudier la genèse de l'écriture de Balzac mais aussi pour eux-mêmes, comme romans romantiques, jouant avec les codes romanesques de l'époque.

Bibliographie sur les romans de jeunesse

1. Éditions séparées

Romans de jeunesse, publiés sous la direction de Jean A. Ducourneau, Les Bibliophiles de l'Originale, 1961-1963.

1. Successivement : *L'Œuvre de Balzac, Formes et reflets*, 1950-1953; *Œuvres complètes*, Club de l'Honnête Homme, 1955-1963, puis Club français du livre, 1966-1967; *Œuvres complètes illustrées*, Les Bibliophiles de l'Originale, 1965-1976; et *Les Œuvres de Balzac*, Lausanne, Éd. Rencontre, 1958-1952.

Annette et le Criminel, présenté par A. Lorant, Garnier-Flammarion, 1982.
Manuscrit de *L'Excommunié*, *L'Année balzacienne*, 1985.
Le sorcier, édité par René Guise, José Corti, 1990.

2. Ouvrages et articles

PRIOULT Albert, *Balzac avant «La Comédie humaine»*, G. Courville, 1936.

BARDÈCHE Maurice, *Balzac romancier. La formation de l'art du roman jusqu'à la publication du «Père Goriot» (1820-1835)*, Plon, 1940 et Genève, Slatkine Reprints, 1967, p. 53-192.

POMMIER Jean, *Créations en littérature*, Hachette, 1955.

BARBÉRIS Pierre, *Balzac et le mal du siècle*, Gallimard, 1970, t. I, p. 233-689.

BARBÉRIS Pierre, *Aux sources de Balzac. Les romans de jeunesse*, Les Bibliophiles de l'originale, 1965, t. 16.

BARBÉRIS Pierre, «Les adieux du bachelier Horace de Saint-Aubin», *L'Année balzacienne*, 1963, p. 7-30

CHOLLET Roland «*Une heure de ma vie* ou Lord R'Hoone à la découverte de Balzac», *L'Année balzacienne*, 1968, pp. 121-134.

BODIN Thierry, «Les métamorphoses d'Horace ou quelques avatars romanesques de Jules Sandeau», *L'Année balzacienne*, 1984.

GUISE René, «*L'Excommunié*. Les enseignements du manuscrit», *L'Année balzacienne*, 1985.

L'Année balzacienne, 1986 : 4 articles par T. Bodin, M. Ménard, A. Lorant, et J. Neefs, sur les romans de jeunesse : *Jean-Louis*, *Le Centenaire* et *Annette et le Criminel*.

CHOLLET Roland, «Du premier Balzac à la mort de Saint-Aubin», *L'Année balzacienne*, 1987, p. 7-20.

CHOLLET Roland, «Une épreuve inconnue du *Vicaire des Ardennes* ou la confession inédite de la marquise de Rosann», *L'Année balzacienne*, 1989.

Balzac journaliste

Après l'échec de ce Balzac romancier pour cabinets de lecture (et du Balzac imprimeur), naît un nouveau Balzac, publiciste ou journaliste. L'essentiel des écrits de ce Balzac peu connu se concentre dans les années 30-31-32. Ses contributions à la presse par voie d'articles sont ensuite plus rares et sont d'ailleurs plus connues comme son article sur *La Chartreuse de Parme* : «Étude sur M. Beyle», *La Revue parisienne*, 25 septembre 1840 (*L'Œuvre de Balzac*, *op. cit.*, t. XV).

Ne voir que le Balzac de *La Comédie humaine* empêche de mesurer la part d'expérience que recouvre la partie centrale d'*Illusions perdues*. Balzac a accepté de travailler sur commande, a fait commerce de sa plume comme Lousteau et Lucien de Rubempré : il sait d'expérience combien il est difficile de concilier ce métier avec les exigences de l'écrivain. Même s'il y a réussi, grâce à la solution de publier ses romans en revues puis en feuilletons, il n'a pu empêcher que cela retarde sensiblement sa reconnaissance par l'institution critique.

La critique s'est d'abord intéressée à cette production de publiciste ou de critique littéraire en la considérant, avec Gaëtan Picon, comme des « carnets d'esquisse » (préface des « Œuvres diverses », *L'Œuvre de Balzac*, t. XIV) qui éclairent l'œuvre romanesque. Plus récemment Roland Chollet, dans *Balzac journaliste, le tournant de 1830* (Klincksieck, 1983), a étudié ce moment de l'écriture de Balzac pour lui-même. Il montre « le mode d'intégration de l'écrivain dans le système du journal qui l'accueille et la manière dont il dépasse cette sujétion » (p. 70) : « tournant décisif dans la carrière et l'œuvre du romancier », expérience d'aliénation de l'écrivain qui suscite une protestation et une revendication vigoureuse, traduite en termes politiques, dans l'adhésion au légitimisme. Tournant décisif aussi parce que Balzac porte désormais un nouveau regard sur ce qu'il appellera le « présent qui marche », se détourne de ses projets de romans historiques et acquiert un « nouvel art d'entrer en communication avec le lecteur » (*op. cit.*, p. 586-587). C'est par ce détour essentiel que Balzac peut passer d'un projet scottien à un projet d'« historien du présent ».

Balzac auteur des *Contes drolatiques*

Le conteur archaïsant des *Contes drolatiques*, boudé par ses contemporains et connu des seuls lecteurs des *Œuvres complètes*, ce Balzac rabelaisien, doit être pris au sérieux, tout comme cette phrase de la lettre du 26 octobre 1834 à Mme Hanska où il évoque la construction du monument de *La Comédie humaine* : « Et, sur les bases de ce palais, moi *enfant et rieur*, j'aurai tracé l'immense arabesque des *Cent contes drolatiques*. » (*op. cit.*, t. I, p. 204-205). La critique s'est récemment faite attentive aux liens étroits que Balzac a tissés entre ces *Contes* et *La Comédie humaine* ainsi qu'aux transpositions qui peuvent s'y faire d'un matériau biographique protégé en quelque sorte par le masque de l'archaïsme et du drolatique[1].

Balzac dramaturge

Balzac dramaturge est également mal connu ; ses pièces de théâtre ne sont pas publiées en dehors des *Œuvres complètes*, même si elles en font partie depuis 1855. L'importance qu'attachait Balzac à ce pan de son activité d'écrivain a varié au cours de sa carrière, mais elle se remarque à des périodes significatives. Au moment de ses premiers essais d'écriture, parmi lesquels figurent une tragédie, *Cromwell* et un mélodrame, *Le Nègre*, elle est d'abord liée au prestige majeur de l'art dramatique. « La tentation du théâtre n'est guère moins ancienne chez Balzac que celle de la philosophie » (R. Chollet et R. Guise, « Notice » des Essais dramatiques, *Œuvres diverses*, t. I, *op. cit.*, p. 1642). À partir de 1840, les projets d'écriture pour le théâtre sont de plus en plus nombreux. René Guise a modifié l'image qu'on pouvait avoir d'un Balzac ne s'intéressant au théâtre que parce qu'il est plus lucratif que le roman : l'enjeu esthétique importait tout autant, en tous cas pour certaines pièces comme *L'École des ménages*, *La Marâtre* ou *Le Faiseur*. Balzac ne voulait rien moins que renouveler le théâtre comme il l'avait fait pour le roman en y introduisant « le vrai ». « Il n'y a plus de possible que le *vrai* au théâtre, comme j'ai tenté de l'introduire dans le roman » (*Correspondance*, Garnier, t. III, p. 475). La multiplication des projets après 1843 atteste une complémentarité perçue comme naturelle entre l'œuvre dramatique et l'œuvre romanesque. Et on peut rêver avec René Guise au dramaturge réaliste que Balzac aurait pu être s'il en avait eu le temps (R. Guise, « Un grand homme du roman à la scène ou les illusions reparaissantes de Balzac » article en quatre parties, *L'Année balzacienne*, 1966 et 1969).

1. Voir par exemple les articles de R. Chollet et de C. Nesci dans *L'Année balzacienne* de 1965 et 1966, et 1984 et 1985, ainsi que la présentation qu'en font R. Chollet et N. Mozet dans *Œuvres diverses*, t. I, Gallimard, coll. « Bibliothèque de la Pléiade », 1990.

Pièces achevées par Balzac

• *L'École des ménages*, pièce en cinq actes en prose, refusée après lecture par le théâtre de la Renaissance le 25 février 1839 ; ne sera créée qu'en 1910.

• *Vautrin*, drame en cinq actes en prose, créé à la Porte Saint-Martin le 14 mars 1840.

• *Les Ressources de Quinola*, comédie en cinq actes, en prose, créée au Second Théâtre français le 19 mars 1842.

• *Paméla Giraud*, pièce en cinq actes, en prose, créée à la Gaîté le 26 septembre 1843.

• *La Marâtre*, drame intime en cinq actes et huit tableaux, créé au Théâtre historique le 25 mai 1848.

• *Le Faiseur*, comédie en prose, lue et reçue à l'Académie française en août 1848 mais non montée ; adaptée par A. d'Ennery et créée sous le titre de *Mercadet*, au Gymnase dramatique, le 23 août 1851.

Seule *La Marâtre* connaît le succès et un bon accueil critique, les autres n'ont qu'un nombre limité de représentations. *Le Faiseur* cependant aura une certaine postérité puisque le personnage de l'associé enfui avec la caisse, Godeau, donnera le phonétisme de son nom au personnage absent de Beckett.

Les travaux critiques sur le théâtre restent assez peu nombreux en dehors des introductions et notices des éditions : outre les travaux de René Guise, une étude synthétique d'André Vanoncini montre le caractère non monologique de ce théâtre balzacien (« Le théâtre de Balzac : triomphe et crise d'une esthétique de l'identification », *Œuvres et critiques*, XI, 3, « H. de Balzac », 1986).

On peut considérer cet « autre » Balzac comme secondaire, et relevant surtout d'activités de recherche. Mais voir en Balzac un polygraphe, tout comme Stendhal ou Hugo, permet de mieux l'insérer dans son contexte historique et de mieux comprendre cette ambition qu'il confie dans sa première lettre à celle qui n'est encore qu'une « étrangère » de « représenter l'ensemble de la littérature par l'ensemble de mes œuvres » (mai 1832, *Lettres à Mme Hanska*, *op. cit.*, t. I, p. 11).

LECTURES EN PERSPECTIVE

Ce chapitre tentera de rendre compte, partiellement, des différentes approches critiques dont le roman balzacien a fait l'objet. Ces approches sont classées selon leur ordre d'apparition dans le champ de la critique, ordre forcément approximatif, et pour chacune, les travaux envisagés seront également ordonnés chronologiquement, à l'exception de la dernière rubrique qui les regroupe selon la question étudiée.

1. HISTOIRES D'UNE VIE, BIOGRAPHIES D'UNE ŒUVRE

De son vivant déjà, Balzac a été constitué en personnage, et en personnage balzacien. Sa mort prématurée en a fait le meilleur exemple de sa théorie de la force destructrice de la pensée, un Raphaël modifié en forçat de l'écriture et sans besoin d'autre talisman que son œuvre. La critique traditionnelle mais aussi moderne n'a cessé de poser, de manières diverses, la question de la relation de l'homme à l'œuvre.

Les biographies s'attachent en principe à l'homme, mais ne peuvent pas ne pas aussi le considérer comme auteur de son œuvre. Elles mêlent donc de façon plus ou moins claire les événements de la biographie et les éléments du monde fictionnel balzacien. La tentation de traiter la vie de Balzac comme celle d'un personnage balzacien domine ainsi la biographie d'André Maurois, *Prométhée ou la Vie de Balzac*, qui a cependant longtemps fait référence, après celles d'André Billy (1942) et de Stefan Zweig au titre significatif : *Balzac, le roman de sa vie*. Celle qu'écrit Maurice Bardèche en 1980 entremêle biographie et étude littéraire[1].

1. A. Maurois, *Prométhée ou la Vie de Balzac*, Hachette, 1965. Réédition en collection « Bouquins », R. Laffont, 1993.
A. Billy, *Vie de Balzac*, Flammarion, 1942; réimpression en 1947. Nouvelle éd. sous le titre : *Balzac, Club des éditeurs*, 1959.
S. Zweig, *Balzac, le roman de sa vie*, trad. de l'allemand par F. Delmas, A. Michel, 1950. Nouvelle éd., France-Loisirs, 1990.
M. Bardèche, *Balzac*, Julliard, 1980.

On doit la plus récente biographie de Balzac à Roger Pierrot, éditeur de la *Correspondance* et des *Lettres à Mme Hanska*, auteur de la chronologie de la vie et de l'œuvre de Balzac dans l'édition de *La Comédie humaine* de la Bibliothéque de la Pléiade. Son travail se distingue des entreprises antérieures (ainsi du *Balzac sans masque*, de Pierre Sipriot, R. Laffont, 1992, qui associe à la biographie de larges analyses des œuvres) par un souci particulièrement vigoureux d'objectivité, par un pari scrupuleusement tenu de s'en tenir aux faits avérés, aux documents authentiques :

> Cette biographie de Balzac est un livre d'histoire et non une interprétation subjective de son immense œuvre romanesque. Sa vie, par bien des aspects, est un prodigieux roman ; elle nous est connue par une multitude d'écrits authentiques qui permettent d'en présenter un tableau chronologique et synthétique à la fois, débarrassé de légendes tenaces, souvent malveillantes.

R. Pierrot, *Honoré de Balzac*, « Avant-propos », Fayard, 1994, p. VII.

Pour dissiper ces légendes, Roger Pierrot a pratiqué une sorte de retour aux sources documentaires que sont les lettres envoyées et reçues, les contrats de publication, les articles de presse contemporains, bref un corpus énorme qu'il choisit de citer abondamment plutôt que d'interpréter. Le modèle de la biographie romancée, de la vie-roman est donc refusé au profit d'une narration factuelle, n'avançant de motivations que dûment argumentées, ne citant des descriptions prélevées dans les romans qu'avec précaution. À partir de tous les documents fournis, c'est au lecteur souvent à élaborer des hypothèses, contester (ou restaurer) des images mythologiques. Ce portrait d'un « travailleur acharné, souvent solitaire », « cette biographie d'un grand créateur aux prises avec ses chimères donne à lire des textes contemporains dont la juxtaposition même dessine un portrait vivant, nuancé et contrasté, laissant une grande liberté d'appréciation au lecteur » (p. VIII).

Comparaison de découpages biographiques

• A. Maurois, *Prométhée ou la vie de Balzac*, Hachette, 1965

1. La Montée (10 chapitres, de la naissance à 1829, année où Balzac est reçu dans les cercles littéraires parisiens).
2. La Gloire (10 chapitres, du succès de la *Physiologie du mariage* à 1839, année d'*Illusions perdues*, 2e partie).

3. *La Comédie humaine* (10 chapitres, de la conquête de la comtesse Guidoboni-Visconti à 1841).
4. Le chant du cygne (12 chapitres, de la mort de M. Hanski à celle de Balzac).

• R. Pierrot, *Honoré de Balzac*, Fayard, 1994.
1. Enfance et jeunesse (jusqu'en 1819, moment où Balzac reste seul à Paris pour tenter de vivre de sa plume).
2. Avant *La Comédie humaine* (1819-1828) (premiers essais philosophiques et littéraires, puis éditoriaux).
3. Vers *La Comédie humaine* (1828-1840) (depuis le retour au roman jusqu'aux années difficiles).
4. Passy et *La Comédie humaine* (1840-1847) (l'entreprise de rédaction, correction et publication de *La Comédie humaine*).
5. Crépuscule (1847-1850) (les dernières années)[1].

On peut comparer, dans ces deux découpages, les critères qui déterminent les moments-charnières : événements de la vie de l'homme ou de la vie de l'œuvre. Pour rechercher quels sont ces tournants sur lesquels s'accordent ou non les biographes, on peut rapprocher ces découpages de celui que propose le chapitre biographique d'un récent ouvrage introductif aux études balzaciennes. Deux moments se détachent : celui du retour à l'écriture romanesque en 1828[2], celui du début de la dernière phase de la construction de l'œuvre comme totalité, en 1840.

• A. Rosa et I. Tournier, *Balzac*, A. Colin, 1992
1. 1799-1814 : «Honoré Balzac».
2. 1815-1828 : «À nous deux Paris».
3. 1828-1833 : «Dandy et galérien».
4. 1833-1840 : «Le génie».
5. 1840-1850 : «La Peau de chagrin».

1. Soulignons au passage combien Balzac est bien donné ici pour l'auteur de *La Comédie humaine*, vers quoi tout converge dans une longue préparation, et qui, comme dans un roman balzacien, constitue un accomplissement et un dénouement très brefs. Sans doute ne peut-on échapper totalement au modèle romanesque (c'est-à-dire balzacien) lorsqu'on raconte, même de façon peu liée, la vie de Balzac.
2. L'importance de cette date est tempérée dans l'ouvrage de R. Pierrot par la reprise faite dans un chapitre spécifique de l'analyse de R. Chollet, démontrant l'importance des années 1830-1831 : son activité intense dans les journaux et revues modifie le regard que porte Balzac sur son temps (*Balzac journaliste, le tournant de 1830*, *op. cit.*).

Les études biographiques appartiennent à une tradition ancienne de recherche du matériau autobiographique dans les œuvres romanesques. De nombreux ouvrages et articles se sont attachés à rechercher les personnages ou les lieux qui étaient les référents des personnages et lieux des fictions; des exemples en ont été cités à propos d'*Eugénie Grandet* et du *Père Goriot*. Récusées par les analyses immanentes du texte littéraire, elles réapparaissent de nos jours mais transformées. Il ne s'agit plus de confondre les romans avec des romans à clés, de croire que le biographique peut passer dans l'œuvre sans subir de métamorphoses, mais de se demander ce qu'apporte à la compréhension d'un roman la connaissance de la biographie, ce qui de l'œuvre appartient à l'homme, ou dans l'œuvre manifeste la présence de l'homme (réflexion amorcée par C. Duchet et I. Tournier au séminaire du Groupe international de recherches balzaciennes en mars 1994). Cela peut déboucher alors sur des lectures psychanalytiques ou sociocritiques sur lesquelles nous reviendrons.

Un autre type d'études biographiques s'attache à la biographie de l'œuvre. La première de ces histoires de l'écriture balzacienne est celle du collectionneur à qui l'on doit l'accès à la plupart des manuscrits, le vicomte Spœlberch de Lovenjoul : *Histoire des œuvres de H. de Balzac*, Calmann-Lévy, 1879, qui a longtemps été la référence majeure (2e édition corrigée et augmentée en 1886, puis 3e édition corrigée à nouveau en 1888; réimpression en fac-similé, Genève, Slatkine, 1968). Depuis, des pans de cette biographie se sont vu préciser : 1830, par l'ouvrage de Roland Chollet déjà cité, *Balzac journaliste*; 1836, par l'étude de Raffaelle De Cesare, *Miserie e splendori di Balzac nel dicembre 1836* (Milano, Vita e Pensiero, 1977). Récemment, en 1992, l'histoire de l'écriture et de la publication de l'œuvre a été reprise et synthétisée par Stéphane Vachon, dans *Les Travaux et les Jours d'Honoré de Balzac, Chronologie de la création balzacienne* (*op. cit.*). Avec cet ouvrage, le chercheur dispose d'un tableau, année par année et mois par mois, des différents travaux de rédaction, de publication et de réédition de Balzac, d'une typologie des œuvres selon les supports de publication, d'une histoire des textes dans les interstices de laquelle des chapitres récapitulatifs par année viennent glisser les principaux éléments de la biographie, enfin d'un chapitre synthétique en ouverture qui décrit les étapes successives de la « construction d'une cathédrale de papier ».

> *La Comédie humaine* est un univers en perpétuelle expansion qui tend à une parfaite élasticité, une promesse que l'acte et l'effort de lecture veulent tenir. Le geste de *La Comédie humaine*, lui, n'est évidemment pas accidentel. Il fut esquissé de plusieurs manières et diversement préparé. Mais tenter de saisir les mutations qu'entraîne dans le champ de l'œuvre la décision de *La Comédie humaine* oblige à reconsidérer les tentatives antérieures d'organisation en système, que l'on doit appréhender moins comme une série d'approches renouvelées, ou d'étapes successives dans l'édification de l'œuvre enfin accomplie, que comme la volonté de maîtriser le mouvant de l'écriture et de la création et de former une unité en assimilant le désordre.

S. Vachon, *Les Travaux et les Jours d'Honoré de Balzac* (*op. cit.*, p. 16).

L'étude de la biographie de l'œuvre rejoint évidemment ici les études de genèse, genèse de la conception de l'œuvre comme une Totalité, mais aussi le champ de la génétique dans la mesure où elle fournit ses données de base à l'étude des corrections successives de Balzac à ses romans déjà publiés, à une génétique, sur laquelle nous reviendrons, non du brouillon mais du texte imprimé.

2. Synthèses critiques

Les premières synthèses importantes pour la reconnaissance de Balzac, outre l'essai essentiel d'Hippolyte Taine, sont sans doute les études déjà mentionnées d'Émile Faguet d'une part, d'Albert Thibaudet d'autre part dans son *Histoire de la Littérature française de 1789 à nos jours*. La parution en 1923 en Allemagne de la remarquable étude de Ernst Robert Curtius, traduite dix ans plus tard, renouvelle sensiblement l'interprétation de l'œuvre de Balzac (*Balzac*, 1923 ; trad. de H. Jourdan, Grasset, 1933). Après Hugo von Hofmannsthal, et de manière plus approfondie, Curtius propose une lecture qui dépasse la lecture strictement réaliste ou positiviste de la fin du siècle en France, pour mettre l'accent, comme Thibaudet d'ailleurs sur le système énergétique qu'il juge fondateur.

Tout en la mettant en relation avec les courants de pensée philosophique de son temps, Curtius démontre la cohérence et la force synthétique de l'œuvre de Balzac et met au jour des principes explicatifs aussi bien de l'homme que de l'œuvre : l'œuvre repose sur un système à l'aide duquel Balzac interprète la réalité tout entière et que Curtius analyse dans l'importance centrale accordée à l'économie vitale, symbolisée par l'or, dans l'énergétique du désir qui se manifeste sous la double forme antagoniste de l'amour et de la volonté de puissance, mais aussi bien dans ses choix politiques, qui s'expliquent par la recherche des conditions pour une concentration des énergies.

> Vautrin : « toutes les énergies amassées et condensées dans une figure grandiose ».
>
> Vautrin devient donc finalement pour Balzac le type des natures démoniaques, « qui résument toutes les forces humaines ». L'énergie, toutes les énergies amassées et condensées dans une figure grandiose ? Il fallait que Balzac réalisât dans son œuvre ce beau spectacle ; et il créa Vautrin, le révolté, le surhomme, ange fascinant du mal. Vautrin est l'enfant préféré de son imagination d'artiste et de sa volonté de puissance, son propre portrait, mais esquissé par la main de son démon.

E. R. Curtius, *Balzac* (*op. cit.*, p. 162).

Avec l'énergie, l'autre mot clé de l'œuvre de Balzac est la Totalité, « racine unique de son être, de son univers spirituel, de son œuvre » : celle-ci est lue comme une recherche de l'Absolu, mue par le désir d'embrasser la totalité du monde et d'être connaissance non seulement en s'appropriant les différents langages scientifiques de son époque mais en intégrant aussi le « mystère » de la vie, qui relève d'une causalité plus magique que scientifique.

L'étude de Curtius contribue à édifier un monument critique au génie balzacien qui peut parfois paraître mythifiant mais elle est la première à prendre la mesure de la complexité de l'œuvre et de ses contradictions et tensions : « sur le mode analytique et mystique, visionnaire et scientifique, [Balzac] traduit, il réalise dans le langage de l'art l'idée de la totalité » (p. 311). Cette étude est la première aussi à voir dans *La Comédie humaine* l'invention du roman moderne et dans Balzac, celui qui « a fait du roman la forme universelle sous laquelle s'exprime la vie moderne » (p. 340).

Les premiers travaux universitaires importants se font à l'initiative de Marcel Bouteron. L'ouvrage de Maurice Bardèche, *Balzac, romancier*, étudie comment Balzac devient romancier, comme l'indique son sous-titre : *La Formation de l'art du roman chez Balzac jusqu'à la publication du « Père Goriot », 1820-1835* (Plon, 1940, Genève, Slatkine Reprints, 1967). Décrivant la genèse d'un art romanesque, Maurice Bardèche analyse l'acquisition, le réemploi de techniques narratives au cours de l'écriture des romans successifs, présentés comme autant d'étapes d'un apprentissage systématique. L'aspect téléologique de ce propos, qui présente tout emprunt ou toute reprise et transformation de forme antérieure comme délibérée et préparatoire à l'œuvre future nous apparaît sans doute contestable mais non le détail de l'analyse, souvent remarquable. Ce travail a en outre le mérite d'avoir le premier établi une continuité entre les œuvres de jeunesse et les suivantes, de montrer que Balzac n'est pas sans relation étroite avec Balzac pseudonyme. Enfin il est entièrement consacré aux mérites esthétiques de cette œuvre, dont la spécificité romanesque est reconnue dans les analyses des relations avec le genre dramatique notamment et surtout dans celles qui portent sur « le style de la composition », première étude de la poétique narrative ou plutôt des poétiques narratives de Balzac.

« Une loi interne de l'art du roman »

« C'est cela, essentiellement, que Balzac a retenu de Walter Scott : et, quelle que soit la formule qu'il emploie, le roman de Balzac est *toujours* la combinaison d'une crise relativement courte et d'une longue phase de préparations. L'exposition, le retour en arrière, les descriptions, la journée du lendemain, les contrastes de la partie centrale, les portraits et les analyses, les courts fragments de la vie privée, les minutieux détails prodigués dans la première partie, tout cela au moment de la crise, doit porter de tout son poids sur chaque parole et sur chaque geste des personnages. La masse du roman doit peser sur une scène capitale, en vertu d'une sorte de loi mécanique de la narration. Et le centre du roman est d'autant plus dramatique que le poids de ce qui précède se fait plus fortement sentir. De ce qui était chez Walter Scott appliqué seulement à l'allure du récit, Balzac a fait une loi interne du roman » (M. Bardèche, *op. cit.*, p. 498-499).

Tout aussi important et complémentaire, l'ouvrage de Bernard Guyon, *La Pensée politique et sociale de Balzac* (1947; A. Colin, 1967), porte également sur la formation de Balzac jusqu'en 1834, mais du Balzac penseur. Bernard Guyon étudie l'évolution de sa pensée politique et sociale en relation avec ses principes philosophiques et scientifiques, c'est-à-dire la façon dont elle se constitue en système. Il fait ainsi apparaître, derrière les changements radicaux de position politique (du libéral de 1820 au légitimiste de 1833), une continuité : la condamnation passionnée de la société et la foi dans la possibilité d'améliorer la condition humaine. La contradiction apparente entre le réquisitoire contre le monde social porté par les romans et les principes monarchistes et religieux affichés par l'auteur s'explique par la coprésence de «deux points de vue essentiellement différents, celui du romancier, peintre d'une réalité donnée, et celui du théoricien politique et social», l'un «soucieux avant tout de vérité», l'autre soucieux seulement de faire vivre, de faire durer l'organisme vivant qu'est la société pour Balzac :

> Ainsi, à l'anarchisme qui inspire Balzac romancier, tant qu'il se place au point de vue de l'individu, correspond presque nécessairement, à partir du moment où il se place au point de vue de la société (ou de l'État, ou de la Nation, ou du Pouvoir ou du Prince, tous ces mots sont pour lui équivalents), un autoritarisme à tendances totalitaires et antipersonnalistes aussi vigoureux que possible.
>
> B. Guyon, *La Pensée politique et sociale de Balzac* (*op. cit.*, p. 699).

Bernard Guyon souligne ainsi le rôle essentiel de la préoccupation sociale dans la pensée politique de Balzac mais sans se poser la question de la conformité des représentations que donnent les romans avec les réalités sociales de l'époque. Cette question, en revanche, est au centre de l'ouvrage de Jean Hervé Donnard, *Les réalités économiques et sociales dans «La Comédie humaine»* (A. Colin, 1961) qui, de ses enquêtes historiques, peut conclure que Balzac s'est inspiré de faits et de textes contemporains et a «peint d'après nature les classes sociales». Ces analyses seront poursuivies d'un point de vue marxiste par Pierre Barbéris.

Mais avant d'aborder ce discours critique, il faut citer une autre étude partant du postulat que Balzac est un penseur, et qui entend précisément découvrir les lignes de force d'un système de pensée, *La Pensée de Balzac dans « La Comédie humaine ». Esquisse de quelques concepts clés* (Munksgaard, Copenhague, 1965) de Per Nykrog ; il définit l'objet de son étude comme une « structure d'idées, un système de références ou de points de repère » et un « système dans une très large mesure conscient ». La structure pyramidale de *La Comédie humaine* culminant dans les « Études analytiques » doit être prise au sérieux en ce qu'elle témoigne de la volonté de bâtir une science de l'homme et de ses rapports avec le monde. Per Nykrog analyse quelques concepts essentiels de ce système philosophique, tels que la « pensée », au sens d'énergie psychique, ou les « sphères » qui déterminent les personnages et constituent la structure hiérarchisée de la société en même temps que de l'ensemble de l'univers. Lecture très abstraite de *La Comédie humaine* mais qui, contre les accusations d'incohérence, prend acte de sa valeur philosophique sans lui imposer une cohérence simplificatrice, et la décrit comme « polyvalente et systématiquement ambiguë » (*op. cit.*, p. 321).

3. La critique marxiste

Ce discours critique a connu son plus grand développement de la fin des années 60 à celle des années 70 où sa diffusion s'est élargie au delà des cercles d'intellectuels communistes. La lecture marxiste de Balzac a ceci de particulier qu'elle est d'abord marxienne. Marx et Engels ont ouvert la voie qu'ont empruntée ensuite bien d'autres lecteurs de Balzac dont certains étaient marxistes.

Partons donc de l'admiration de Marx pour de nombreux romans de Balzac[1] dont il conseille la lecture à Engels et des conseils que Engels, partageant cette admiration, prodigue à la romancière anglaise Margaret Harkness (lettre d'avril 1888 in K. Marx, F. Engels, *Sur la littérature et*

1. Parmi ceux-ci, *Le Chef-d'œuvre inconnu*, *Melmoth réconcilié*, *Le Curé de village*, *Gobseck*, *Les Paysans* et une pièce *Mercadet*. Notons la présence de contes philosophiques et fantastiques ; et retenons les trois titres de romans réalistes, privilégiés par la critique ultérieure.

l'art, Études sociales, 1954, p. 315-319). Il reproche à son roman de n'être pas assez réaliste et donne à cette occasion une définition du réalisme qui semble plus balzacienne que marxiste : «Le réalisme, à mon avis, suppose, outre l'exactitude des détails, la représentation exacte des caractères typiques dans des circonstances typiques.» Puis Engels prend Balzac comme exemple du romancier dont le réalisme se manifeste «tout à fait en dehors des intentions de l'auteur». L'analyse rapide qu'il propose alors est déterminante pour tout le développement ultérieur de la lecture marxiste de Balzac.

> Balzac, que j'estime être un maître du réalisme infiniment plus grand que tous les Zola *passés, présents et à venir*, nous donne dans *La Comédie humaine* l'histoire la plus merveilleusement réaliste de la société française, en décrivant sous forme d'une chronique des mœurs, presque d'année en année, de 1816 à 1848, la pression de plus en plus forte que la bourgeoisie ascendante a exercée sur la noblesse qui s'était reconstituée après 1815 et qui, dans la mesure du possible relevait le drapeau de la *vieille politesse française*. [...] autour de ce tableau central, il brosse toute l'histoire de la société française, où j'ai plus appris, même en ce qui concerne les détails économiques (par exemple la redistribution de la propriété réelle et personnelle après la révolution), que dans tous les livres des historiens, économistes, statisticiens professionnels de l'époque, pris ensemble. Sans doute en politique, Balzac était légitimiste [...] Mais malgré tout cela, sa satire n'est jamais plus tranchante, son ironie plus amère que quand il fait précisément agir les aristocrates, ces hommes et ces femmes pour lesquels il ressentait une si profonde sympathie. Et les seuls hommes dont il parle avec une admiration non dissimulée, ce sont ses adversaires les plus acharnés, les héros républicains du Cloître-Saint-Merri, les hommes qui à cette époque (1830-1836) représentaient véritablement les masses populaires.

F. Engels, in *Sur la littérature et l'art* (*op. cit.*; les italiques désignent les expressions en français dans le texte; les mots biffés par Engels ont été supprimés).

En admirant que ses personnages porteurs de valeurs positives soient des personnages à l'opposé de ses opinions politiques, Engels reprend, mais en lui conférant l'autorité d'une proposition marxiste en quelque sorte officielle, la thèse paradoxale d'un Balzac progressiste malgré lui.

On se souvient qu'Hugo en 1850 avait qualifié son œuvre de «révolutionnaire» et que Zola avait en 1881 repris ce jugement. Cette lecture de Balzac contre Balzac ne fera ensuite que s'amplifier et se retrouvera dans des approches critiques très différentes[1].

Le second point important est la description du «réalisme» que fait Engels : ce n'est pas le document historique qu'il juge pertinent dans Balzac mais une analyse économique et politique des rapports de forces entre classes; c'est là caractériser comme réaliste ce qui est conforme à une certaine analyse du réel. Le roman est miroir mais de rapports sociaux, de conflits qui ne peuvent faire l'objet d'une simple observation. Cette redéfinition simultanée du réel et du réalisme, implicite dans le roman balzacien, est intégrée ici au matérialisme historique. Il faut alors comprendre dans une perspective «marxiste» la caractérisation du réalisme par l'usage de personnages et de circonstances typiques. La notion de type peut ainsi passer du métalangage balzacien à la théorisation marxiste de la représentation littéraire. Le dernier élément originaire de cette lettre fondatrice est la comparaison Balzac/Zola, faite au détriment du second; elle aussi donnera lieu à d'amples développements, mais d'un intérêt plus limité.

Le premier ouvrage important à poursuivre et approfondir ces amorces d'analyse est celui de Georg Lukács, *Balzac et le réalisme français* (en 1934-1935; préface de 1951 et traduction en français de 1967, F. Maspéro, 1967). Lukács reprend pour l'expliciter la définition du réalisme qui sous-tendait le propos d'Engels. Il caractérise le «grand» réalisme, ou réalisme «critique», par «l'enracinement dans les grands problèmes de leur temps et la représentation impitoyable de l'essence véritable de la réalité» (p. 17). Plus précisément, «Balzac révèle les grandes forces sociales de l'évolution historique, les fondements économiques de cette évolution» (p. 41)[1]. La représentation-révélation qu'opère Balzac est juste parce qu'elle corrobore les analyses socio-économiques de Marx.

1. *Balzac contre Balzac*, Marie Bor, Les Cahiers de l'Églantine, n° XV, 1933, et titre d'un article de Jean Fréville, *L'Humanité*, 23 octobre 1933. C'est aussi le titre d'un ouvrage récent de Franc Schuerewegen dont le propos est tout autre que politique.

Poursuivant le travail de transformation de la notion assez vague de «type» en concept, Lukács lui donne une importance capitale, comme «catégorie centrale et critère de la conception réaliste de la littérature» (p. 9). Il distingue le type du caractère moyen : «en lui, convergent et se rencontrent tous les éléments déterminants, humainement et socialement essentiels, d'une période historique, parce qu'en créant des types, on montre ces éléments à leur plus haut degré de développement dans le déploiement extrême des possibilités qui s'y cachent» (p. 9). Les personnages concentrent donc sur eux toute l'attention du critique qui souligne leur nature complexe, contradictoire et dynamique.

Outre les prolongements et éclaicissements qu'il apporte à ces concepts, la contribution essentielle de Lukács à la critique balzacienne est dans ses analyses de romans. Sa lecture d'*Illusions perdues* est bien connue : il décrit ce roman comme «l'épopée tragi-comique de la capitalisation de l'esprit». [...] Balzac représente ce processus de la transformation en marchandise de la littérature dans toute son ampleur, dans sa totalité : depuis la production du papier jusqu'aux convictions, pensées et sentiments des écrivains, tout devient marchandise» (p. 50).

L'analyse des *Paysans* constitue un exemple particulièrement net de lecture «contre» Balzac. «Balzac voulait décrire la tragédie de la grande propriété aristocratique en train de mourir [...] Il a écrit la tragédie de la parcelle paysanne» (p. 19). Cet «échec» de Balzac tient à ce qu'il est «observateur incorruptible» : sa représentation de la relation des personnages à la situation historique dans laquelle ils se trouvent pris se

1. Cette définition du réalisme, devenue normative, est combattue par B. Brecht qui refuse le modèle balzacien que l'orthodoxie esthétique marxiste voudrait imposer : «N'excommuniez pas le montage, ne mettez pas le *monologue intérieur* à l'index ! [...] Admettez qu'en art la technique a continué d'évoluer à partir de 1900 ! Ce Balzac à coup sûr grand écrivain et réaliste passable, qu'en est-il au juste ? [...] Par exemple il insère sans arrêt par montage, des dizaines et des dizaines de pages sur des thèmes "qui n'ont rien à voir avec le sujet" ! C'est un réaliste, il travaille avec le souci d'approcher la réalité par tous les moyens. [...] Conseiller de s'en tenir à Balzac, c'est comme si l'on conseillait de s'en tenir à la mer !» (1938), *Sur le réalisme*, L'Arche, 1970, p. 84-85.

conforme à une analyse et non à une opinion. Les conflits sociaux sont décrits par Balzac comme opposant non seulement deux camps mais trois, aristocrates et paysans mais aussi usuriers :

> La nostalgie du politicien Balzac serait précisément d'instaurer une alliance entre la grande propriété et la paysannerie contre le capital usurier. Mais il doit montrer concrètement et avec toute la force du réalisme comment les paysans sont contraints de s'entendre avec les usuriers, bien qu'ils haïssent cette clique et de faire cause commune avec eux contre la grande propriété. Le combat des paysans contre les séquelles de l'exploitation féodale, le combat pour un morceau de terre à soi, pour sa propre parcelle, en fait des appendices, des hommes de peine du capitalisme usurier. La tragédie de la disparition de la grande propriété aristocratique se transforme ainsi en tragédie de la parcelle : on voit comment la libération des paysans de l'exploitation féodale est tragiquement annulée par l'exploitation capitaliste.

G. Lukács, *Balzac et le réalisme français* (*op. cit.*, p. 28).

Ces lectures isolent ainsi en en donnant une reformulation marxiste un aspect historique et économique essentiel du texte; elles ouvrent la voie à une réflexion sur la représentation réaliste, mais elles traitent le texte littéraire comme un discours de savoir plus que comme une œuvre d'art. Ces textes ne seront connus en France que dans les années 60.

La lecture des *Paysans* a été poursuivie par Pierre Macherey qui se demande à quoi tient le double discours de Balzac, ce qu'il appelle le «disparate» : «*Les Paysans* de Balzac : un texte disparate», *Pour une théorie de la production littéraire* (F. Maspéro, 1966, p. 287-327). Macherey y voit un effet de la double visée du roman balzacien : visée scientifique, descriptive, l'auteur veut savoir et faire savoir; mais aussi visée idéologique et morale, il veut porter un jugement. Voulant écrire contre le peuple, prévenir du danger qu'il représente (visée idéologique), il est amené à en parler et à lui donner la parole (visée informative). Et c'est cette description qui permet une double lecture, derrière la lecture de la menace pour l'ordre social que constitue le paysan-sauvage, une lecture du «déclin historique de la paysannerie dans la France bourgeoise»; derrière la conspiration des pauvres contre les riches, celle de la conspiration des riches contre les pauvres. Cette analyse l'amène à distinguer, dans la catégorie du type, entre les types sociaux, relevant de la visée de connaissance du monde et de représentation de sa diversité, et les types moraux, caractérisés au contraire par leur capacité à se ressembler et à fusionner et relevant de la visée idéologique de jugement.

La reformulation de Macherey pour définir le réalisme de Balzac opère un déplacement important : «l'homologie entre l'univers historique et l'univers romanesque ne se réalise pas au niveau des éléments particuliers mais au niveau des systèmes : c'est le système romanesque dans son ensemble qui produit l'effet de réalité» (p. 309). Ce réalisme ne serait donc pas à attribuer à une seconde vue particulière à Balzac, à son don d'observation pénétrant et indépendant de ses jugements ; il serait un effet produit par le texte, une lecture que le texte permet, donc le produit d'une interaction de la lecture et du texte. Déplacement important pour Balzac : même si la vision qu'il donne du monde social paraît « vraie », cet effet de savoir n'est qu'un effet obtenu par des moyens littéraires ; Balzac est d'abord est écrivain, pas un historien ni un économiste. Pierre Macherey inscrit son analyse de Balzac dans une critique de Lukács et de la théorie du reflet selon laquelle la littérature donnerait à voir directement le réel.

Les travaux tout à la fois érudits et militants de Pierre Barbéris[1] constituent un prolongement important des propositions théoriques et critiques de Lukács, puisqu'ils proposent une lecture totale d'un « Balzac total et continu » (*Balzac, une mythologie réaliste*, p. 33). De fait, c'est tout Balzac qui est pris en compte : les œuvres d'Horace de Saint-Aubin sont prises au sérieux tout comme l'ambition philosophique de Balzac. Souci d'exhaustivité, mais aussi de mise en contexte. Barbéris, comme Lukács mais avec bien plus de précision, s'emploie à situer Balzac dans son contexte historique économique et politique. Celui de la bourgeoisie

1. Ils forment un ensemble constitué pour les plus importants de : *Balzac et le mal du siècle*, 2 vol., Gallimard, 1970 ; *Balzac, une mythologie réaliste*, Larousse, 1971 ; *Mythes balzaciens*, A. Colin, 1972. Ils ont été précédés par un livre plus polémique qu'universitaire, *La Comédie inhumaine* d'André Wurmser, Gallimard 1965.

montante, d'avant 1848 : «Le roman balzacien malgré certaines apparences est le roman de la jeunesse de la bourgeoisie, en ce qu'elle est — encore — un moment de la jeunesse du siècle et de l'humanité» (p. 41). On voit dans cet «encore» l'opposition implicite avec l'autre versant du siècle et les romans de Flaubert ou Zola sur lesquels il porte le plus souvent un jugement très négatif, comme Lukács.

Plus précisément, Barbéris élucide l'évolution de la pensée politique de Balzac et ses relations avec les penseurs politiques comme les saints-simoniens (*Balzac et le mal du siècle*, *op. cit.*, t. 1, p. 744). Il considère l'expérience de 1830 comme décisive pour Balzac sur le plan politique également et interprète son adhésion aux thèses monarchistes comme liée au désenchantement provoqué par les premiers temps de la monarchie libérale et comme le choix d'une position permettant une critique plus virulente de la Monarchie de Juillet. Fort de cette contextualisation historique précise, Barbéris refuse l'image lukacsienne d'un Balzac nostalgique de l'Ancien Régime, et lui substitue celle d'un Balzac utopiste, déplorant dans *Le Curé de village* (*Mythes balzaciens*, *op.cit.*, p. 185-193), le sous-développement économique de la province et dont les principes d'organisation et de planification ont quelque chose de «pré-socialiste».

Tout est ainsi historiquement et politiquement interprétable pour Barbéris : les passions, le fantastique, les mythes, et cette ardeur, cette force vitale qui est le moteur même de *La Comédie humaine*, et où il voit le principe même de l'opposition de Balzac à la société de son temps. Il faut souligner l'apport de ces analyses pour la lecture de Balzac : du fait de leur dépendance à l'égard d'une philosophie spécifique, le matérialisme historique, elles ont suscité des débats vigoureux sur la question de la représentation du réel, et malgré le présupposé contestable d'une transparence du texte, elles soulignent que le dit «réel» n'est pas une donnée mais fait l'objet d'une construction. Elles prouvent aussi qu'un texte romanesque peut tenir plusieurs discours simultanément et échapper aux intentions déclarées de l'auteur. C'est essentiellement dans ces deux voies, étude des prismes qui s'interposent entre le texte littéraire et le réel social, et caractère polyphonique du roman que les études «sociocritiques» de Balzac vont se développer.

4. Les lectures thématique et psychanalytique

Il faut distinguer entre la critique thématique au sens où l'entend l'histoire de la critique et l'analyse thématique en tant que procédure critique plus large. La critique thématique historiquement située s'est élaborée au cours des années 60 en opposition à l'approche historique de la littérature. Fondée sur les travaux de Gaston Bachelard, elle affirme la primauté de l'imaginaire. Ses représentants les plus connus, Georges Poulet et Jean-Pierre Richard s'attachent à des thèmes existentiels, temps, espace, sensations et aux configurations que leur donnent les textes littéraires.

Georges Poulet consacre à Balzac un chapitre de ses *Études sur le temps humain* (Plon, 1950-1952) et une étude dans *L'Œuvre de Balzac* «Espace et temps balzacien» (*op. cit.*, t. X). Il analyse ce qu'est le drame du temps pour Balzac : «celui d'un être condamné à se nourrir de sa propre substance, forcé, pour *durer*, à manger *sa propre durée*» (p. II); et plus précisément la conception de la durée sous-jacente à l'architecture de *La Comédie humaine* : «une continuité homogène où tout s'enchaîne en avant comme en arrière, une *durée pleine*» mais aussi «un mouvement d'abord régressif qui, reconstruisant le passé à mesure, remonte la pente du temps et la chaîne des causes, avant de se redéployer ensuite, dans un mouvement progressif, vers le présent et l'avenir» (p. XIII). Il décrit un Balzac en quête d'une sorte de principe générateur absolu qui précède, emboîte et commande toutes les déterminations historiques de «l'être», au point de négliger les «effets» et la réalité au profit des causes et d'une abstraction.

Voulant cerner un «univers-pensée», la conscience de l'écrivain telle qu'elle se manifeste dans la totalité de l'œuvre, Georges Poulet fait appel aux données biographiques ou d'histoire littéraire, mais aboutit à la description d'un principe générateur de l'architecture de l'œuvre sans rendre compte de sa réalisation.

Jean-Pierre Richard en revanche circonscrit son analyse aux textes, qu'il fasse une microlecture d'un seul texte ou que sa lecture immanente construise une configuration thématique à travers toute l'œuvre. Une des *Études sur le romantisme* (Seuil, 1971) est consacrée à Balzac : «Corps et décors balzaciens», long chapitre qui décrit l'imaginaire énergétique de Balzac dans *La Comédie humaine*. Il montre les romans tressant autour de ce thème central de l'énergie vitale des réseaux de thèmes secondaires : feu (volcanisme de certains héros), fluide (le sang est un feu fluide) ou lumière. L'énergie s'indique dans des lieux corporels privilégiés, cheveux, front, lèvres. Jean-Pierre Richard analyse les figures maléfiques ou bénéfiques de l'ardeur vitale : l'asthénie, la clôture du visage, la sécheresse de la silhouette ou à l'inverse l'engorgement occupent le pôle négatif; du côté du corps heureux, au contraire, on trouve le motif de la compacité vitale : le point de concentration de la personne et des énergies dans le regard; mais aussi la fluidité : le goût du moelleux ou du sinueux caractéristique de l'érotique balzacienne. La force vitale balzacienne, qui est perçue en une suite d'actions et réactions, engendre une dynamique. La figure de l'opposition y occupe une place centrale, et génère une lutte : souvent celle d'un personnage unique contre la multiplicité.

Son étude des fonctions imaginaires de l'objet sensible porte sur le paysage balzacien — euphorique quand il est vu de haut et riche en contrastes — comme sur les objets sociaux.

«Souvenons-nous par exemple de la pension Vauquer : réunion humaine de débris sociaux, mais aussi musée objectif du délabrement et de la crasse. Balzac nous promène d'abord, avec une apparente froideur, à travers les différents espaces de la pension. Mais lorsque après avoir scrupuleusement reconnu les accessoires ignobles du salon, nous plongeons dans le climat plus infâme encore, plus engluant de la salle à manger, la description, cessant d'y répondre à un quadrillage méthodique, semble peu à peu se soulever, s'emporter en une sorte d'ivresse du nombre, de l'incongruité, de la rencontre incroyable, de l'amas cauchemardesque. Tous les objets alors touchés par le regard, [...] tous ces objets composent un décor d'intention certes réaliste mais de réalité tout onirique. La prolifération verbale du débris, du décrit, fait accéder le stérile, l'ignoble, l'épuisé à un paradoxal triomphe. C'est la joie, fréquente chez Balzac, du bric-à-brac croissant, de l'entassement d'objets et de détails, de la description interminable (qui n'est alors qu'un délire d'objectivité). On a l'impression d'y assister à une sorte de gonflement, voire d'éruption de la matière. Si bien que ce sont peut-être les spectacles chargés de l'intention la plus décourageante qui donnent ici l'impression de vitalité la plus puissante. Dans le monde balzacien tout, même la volonté du vide, aboutit finalement à une exaltation du plein» (J. P. Richard, *Études sur le Romantisme*, Seuil, 1971, p. 125).

Ces analyses qui ouvraient le monde sensible représenté dans les romans non plus sur un référent extérieur mais sur un imaginaire, ont fortement contribué au renouvellement du regard critique sur Balzac. On les a cependant vite accusées d'occulter le facteur historique, et de ne pouvoir être transférables. Leur finesse, leur élégance désignent la difficulté même de la critique thématique : elle tient ses vertus de l'art du critique, de son aptitude à construire un réseau thématique cohérent et éclairant à partir d'éléments dispersés dans le ou les textes.

Elle n'a pas de ce fait de véritable postérité. En revanche, elle s'inscrit dans le champ des études de contenu qui portent sur une notion ou un concept. Dans le cadre d'une étude sur l'imaginaire du Mal au XIXe siècle, Max Milner a montré que les grands rapaces de *La Comédie humaine* qui se situent au-delà du bien et du mal, manifestent cependant une forme de mal spécifique : «la haine ou le mépris de la vie en tant qu'œuvre divine». De là, la volonté d'un Vautrin de se substituer au Créateur, et pas seulement comme «un artiste», sur le plan imaginaire, mais d'être Dieu en s'emparant d'une âme. «… l'artiste satanique jouira alors des harmonies qu'il aura su tirer de son instrument humain, et ces harmonies, qui seront des sentiments *réels*, lui donneront non pas l'illusion mais la réalité de la possession du monde» («La poésie du mal chez Balzac», *L'Année balzacienne*, 1963, p. 329-331). Le travail de Pierre Citron sur «La poésie de Paris» se situe dans une perspective voisine (*La Poésie de Paris dans la littérature française de Rousseau à Baudelaire*, 2 vol., éd. de Minuit, 1961). Les pages sur Balzac soulignent l'importance des années 1833-1835 dans la formation du thème parisien : au Paris-femme, au Paris-paysage, succède un Paris-monstre, image transitoire qui mène à l'élaboration du Paris poétique de Balzac; Paris est décrit comme un monde et toutes les images en manifestent la valeur dynamique.

Au cours des années 80, on a assisté à une tentative pour lever le soupçon de subjectivité et de facilité qui pesait sur la thématique et pour donner une rigueur théorique et méthodologique à la notion de thème. Ainsi Gérald Prince propose de définir le thème comme un «cadre-idée», représenté par un nombre indéfini d'unités textuelles et d'autant plus puissant qu'il pourra permettre de coordonner un nombre élevé d'éléments. L'explicitation des procédures de sélection et des critères de pertinence vise à plus de rigueur sans prétendre éviter toute subjectivité : «Je façonne toujours l'œuvre que je thématise.»

«Thématiser» *Eugénie Grandet*

Gérald Prince prend pour exemple *Eugénie Grandet* et propose de construire le cadre «écart entre signe et chose» qui permet de dégager la spécificité de la représentation balzacienne; il faut alors choisir les unités renvoyant au rapport signe/chose (les remarques interprétatives, métalinguistiques, les références au théâtre et à la différence entre l'être et le paraître, l'arbitraire des noms, des paroles, l'argent comme signe, etc.) et les organiser en oppositions. «Un résumé paraphrastique pourrait alors aboutir à une description du roman selon laquelle l'héroïne, après un brutal apprentissage, conclut que, dans son univers, les choses mêmes ne peuvent être atteintes, et se réfugie dans "l'amour fier qui vit de sa douleur et qui en meurt", l'amour en soi, l'amour intransitif» (G. Prince, «Thématiser», *Poétique*, n° 64, 1985, p. 425-433).

La thématique propose ainsi des procédures descriptives mais qui invitent l'interprète à chercher en dehors de la thématique la possibilité d'intégrer cette description à un autre niveau. Selon que l'on considère les structures mises au jour comme relevant d'un imaginaire social ou d'un imaginaire personnel, la thématique peut déboucher sur une interprétation sociocritique ou psychanalytique. C'est ce dernier cas le plus fréquent. Les articles de Jeannine Jallat sur *La Peau de chagrin* et le lieu balzacien particulier qu'est le désert dans la ville relèvent de cette ouverture de la thématique vers une interprétation psychanalytique («Foedora ou le corps de l'autre», *Balzac et La Peau de chagrin*, C. Duchet éd., SEDES-CDU, 1979, et «Lieux balzaciens», *Poétique*, n° 64, 1985).

Les lectures psychanalytiques de l'œuvre de Balzac restent peu nombreuses. Marthe Robert a ouvert la voie en considérant l'œuvre de

Balzac comme «une fable biographique conçue tout exprès pour expliquer l'inexplicable honte d'être mal né, mal loti, mal aimé» (*Roman des origines et origine du roman*, Gallimard, 1972; coll. «Tel», 1977, p. 46). *La Comédie humaine* est lue comme le roman filial du Bâtard, qui, rêvant de gloire et de domination compensatrices, ne cesse de remanier son autoportrait à travers ses personnages, et joue le rôle de «créateur omniscient, omnipotent, divin» (p. 254). En intitulant son livre *Dans Balzac* (Seuil, 1986), Pierre Citron souhaite ne pas séparer l'homme de l'œuvre. Il se donne en effet pour objectif d'étudier «la présence dans l'ensemble de son œuvre de Balzac lui-même, de sa famille, des femmes qui ont été ses grands amours». Sa lecture très précise de certains textes (romans et surtout nouvelles) met au jour le matériau autobiographique travaillé par l'écriture romanesque, partant de l'hypothèse que le rythme très rapide de l'écriture laisse parfois affleurer ce matériau par ailleurs enfoui. Dans le prolongement des *Recherches sur la création intellectuelle. Créatures chez Balzac* de Pierre Abraham (Gallimard, 1931, 1949), et de la réflexion de Marthe Robert, Pierre Citron donne à voir un monde romanesque hanté par les doubles de Balzac, et distingue entre les narrateurs, les sosies (Savarus par exemple) et les contre-sosies (contraires sur les plans physique et social mais présentant toutefois des traits communs comme de Marsay). Partant des racines biographiques de l'œuvre (le manque d'amour de la mère, le transfert sur Laure, la sœur préférée, puis sur Mme de Berny, la jalousie à l'égard du frère cadet), il en cherche les traces dans les textes, identifie le (ou les) modèle(s) biographique(s) d'un personnage, lit la peur d'un inceste fraternel dans un récit (*Honorine*) ou en interprète un autre (*Gobseck*) comme un reproche adressé à sa mère adultère, et conclut à un affaiblissement de ces traces après 1835. Anne-Marie Baron (*Le Fils prodige. L'Inconscient dans La Comédie humaine*, coll. «Le Texte à l'œuvre», Nathan, 1993) a récemment poursuivi cette étude de l'imaginaire balzacien et cette quête de l'empreinte laissée par l'enfance mal aimée dans l'univers et le texte romanesques : tel ce «vertige de l'identification» que l'auteur de *La Comédie humaine* exorcise par la création de personnages, projections de lui-même et de ses proches. Ces travaux permettent de mesurer ce qu'apporte à la lecture des textes le savoir biographique et qui est trop souvent tenu pour sans importance, un effet de présence, et d'une présence qui est moins une explication qu'une question : Balzac.

5. Les lectures poétiques et sémiotiques

On a regroupé sous cette rubrique les travaux qui privilégient les questions de poétique romanesque ou d'écriture. Leur existence même, qui va de soi désormais, présuppose chez Balzac une recherche poétique et stylistique qui lui a longtemps été contestée.

Un des premiers ouvrages universitaires à étudier l'art du roman chez Balzac est le *Balzac, romancier* déjà cité de Maurice Bardèche de 1947 (Slatkine Reprints, 1967). Tout en doutant qu'il y ait une «poétique» définie du roman, il s'attache à décrire, on l'a vu, les «procédés» du romancier, tels les jeux de lumière du conteur, les contrastes, les retours en arrière etc.; Bardèche étudie donc le «style de la composition» de Balzac, et souligne l'importance des préparations. Son principal souci est de mettre en lumière l'unité et l'autonomie de *La Comédie humaine*, à propos de laquelle il fait cette remarque fondamentale pour toute étude des fins balzaciennes : «Il n'y a pas de point final à partir du moment où existe *La Comédie humaine*» (p. 608). L'autre ouvrage initiateur est celui de Pierre Laubriet, *L'Intelligence de l'art chez Balzac* (Didier, 1961 ; Genève, Slatkine Reprints, 1980) qui analyse l'esthétique balzacienne. Les travaux ultérieurs, multiples, peuvent se distinguer selon leur questionnement; ils peuvent porter sur le style, sur la relation du roman aux autres arts ou genres, sur des phénomènes de poétique romanesque.

Parmi les études stylistiques, peu nombreuses en raison du jugement très défavorable longtemps porté sur le style de Balzac, citons le travail de Lucienne Frappier-Mazur (*L'Expression métaphorique dans «La Comédie humaine»*, Klincksieck, 1976) qui montre comment la métaphore, loin d'être seulement ornementale et suggestive, organise et construit l'univers romanesque autour de trois axes principaux, le jeu, le patriarcat et le corps humain, axes où se retrouve un principe identique, le principe énergétique.

Plusieurs études interrogent la relation du roman aux autres arts et aux autres genres. L'ouvrage de Olivier Bonard (*La Peinture dans la création balzacienne, invention et vision picturales de «La Maison du chat-qui-pelote» au «Père Goriot»*, Genève, Droz, 1969) met à jour le rôle stimulant et modèlisant de l'image et de certaines sources picturales dans la vision balzacienne.

Le théâtre de Balzac est encore peu étudié, en dehors des études de René Guise et d'André Vanoncini déjà mentionnées. Les travaux portent surtout sur la façon dont le théâtre, et plus particulièrement le mélodrame, modélise le roman. Christopher Prendergast et Peter Brooks ont les premiers fait prendre conscience de l'importance du mélodrame dans la poétique romanesque (C. Prendergast, *Fiction and Melodrama*, London, E. Arnold, 1978; P. Brooks, *The Melodramatic Imagination*, London, Yale Univ. Press,1976). Plus récemment, André Vanoncini analysant l'évolution de l'exploitation que fait Balzac du code mélodramatique, montre que Balzac n'en use pas sans recul critique et qu'à partir de *Pierrette*, il le met au service de l'étude sociale : «le drame de la quête de l'absolu a fait place à la quête du drame de l'insignifiance» («*Pierrette* et la rénovation du code mélodramatique», *Le «Moment» de La Comédie humaine*, PUV, 1993).

La référence à la littérature populaire n'est plus depuis longtemps infamante pour Balzac. Jeannine Guichardet et Juliette Frølich ont étudié la relation des romans au conte de fées (*Revue des sciences humaines*, n° 175, juillet-septembre 1979, et *L'Année balzacienne*, 1985). La référence au roman-feuilleton est tout aussi éclairante : l'article de René Guise sur «Balzac et le roman-feuilleton» (*L'Année balzacienne*, 1964) a prouvé combien elle importait à la compréhension de la production et de la réception balzaciennes. Il attribue à l'engouement du public pour le feuilleton le déclin de faveur de Balzac, mais aussi à l'effort de celui-ci pour se plier à ses contraintes, à ses goûts et à leur effet de censure, la disproportion entre les trois parties de *La Comédie humaine*, le privilège accordé aux scènes de la vie parisienne sur celles de la vie de province et davantage encore politique ou militaire; ou encore, et l'autocensure est alors évidente, la transformation sur épreuve d'un dénouement trop déceptif en un dénouement romanesque : il s'agit du dénouement de *La Fausse Maîtresse* (*op. cit.*). Cette réflexion est poursuivie par Isabelle Tournier dans «Portrait de Balzac en Shéhérazade», *Le «Moment» de La Comédie humaine* (PUV, 1993).

Un autre ensemble d'études relève de la poétique narrative et de la sémiotique. le premier pas dans cette direction est sans doute l'article que Gérard Genette consacre partiellement à Balzac dans *Figures II* : «Vraisemblance et motivation» (Seuil, 1969). Reprenant l'opposition d'Émile Benveniste entre «Discours» et «Récit», il souligne la prédominance marquée du premier dans le roman balzacien; mais s'il ironise sur le «démon explicatif» de Balzac, il en déduit aussi que ce roman considéré pourtant comme traditionnel se rapproche par cette «invasion du récit par le discours» du roman proustien. Son objet principal est cependant autre : il s'agit de démontrer que la causalité si importante au roman balzacien se fonde sur des motivations qui ne sont que de pseudo-motivations.

> Une femme bafouée peut à volonté se venger par dépit ou pardonner par amour : Mme de Bargeton honore à peu près, successivement, les deux virtualités dans *Illusions perdues*. N'importe quel sentiment pouvant aussi bien, au niveau de la psychologie romanesque, justifier n'importe quelle conduite, les déterminations sont presque toujours ici de pseudo-déterminations, et tout se passe comme si Balzac, conscient et inquiet de cette compromettante liberté, avait tenté de la dissimuler en multipliant un peu au hasard les *parce que*, les *car*, les *donc* [...] dont l'abondance suspecte ne fait que souligner, en fin de compte, ce qu'elles voudraient masquer, l'*arbitraire du récit*.
>
> [...] La motivation est donc l'apparence et l'alibi causaliste que se donne la détermination finaliste qui est la règle de la fiction : le *parce que* chargé de faire oublier le *pour quoi* ? — et donc de naturaliser, ou de *réaliser* (au sens de : faire passer pour réelle) la fiction en dissimulant ce qu'elle a de *concerté*, [...] : bref, de fictif.

G. Genette, in *Figures II* (*op. cit.*, p. 85).

L'analyse vise le fonctionnement du récit en général ou du récit réaliste, et néglige de ce fait l'ancrage de la causalité balzacienne dans son contexte épistémologique : le modèle des sciences naturelles qui justifie la visée totalisante et unitaire du roman.

Le roman balzacien, trop foisonnant sans doute, n'a guère fait l'objet d'analyses structurales, qui se portaient plus volontiers sur Flaubert ou Maupassant. La lecture de *Sarrasine* par Roland Barthes dans *S/Z* (Le Seuil, 1970) a marqué une étape importante dans l'évolution de l'œuvre de Barthes comme dans la problématique du réalisme balzacien. À l'instar d'une analyse structurale, elle met entre parenthèses aussi bien le contexte historique que l'auteur, puisque l'exemple de *Sarrasine* sert déjà d'incipit au célèbre article «La mort de l'auteur» démontrant que «l'écriture est destruction de toute voix, de toute origine» (1968, in *Le Bruissement de la langue*, Seuil, 1984, p. 61). En étudiant la manière dont le texte de Balzac thématise la question du contrat de lecture («on ne raconte pas impunément une histoire de castration. Cette fable nous apprend que la narration [objet] modifie la narration [acte]», Barthes souligne le caractère «responsable et marchand» en même temps que spéculaire du récit et se situe par là encore dans une perspective structurale (*S/Z*, *op. cit.*, p. 218-219). Cependant la visée globale est autre, puisqu'il s'agit d'une part, et sur le plan théorique, de montrer l'illusion de la prétention de l'analyse structurale à rendre compte de la totalité du texte; d'autre part, de montrer de quel pluriel de sens est fait un texte «lisible», c'est-à-dire classique. Cette redéfinition de l'interprétation d'un texte, manifestée dans une lecture éclatée d'un texte lui-même découpé en «lexies», a suscité évidemment de vigoureuses protestations de la part des balzaciens historiens de la littérature. Mais *S/Z*, alors même qu'il postule un texte balzacien classique et visant une plénitude de sens, a contribué à renouveler la réflexion sur la représentation réaliste en même temps qu'à ébranler la conception monologique qu'on pouvait se faire du texte de Balzac :

> Décrire, c'est donc placer le cadre vide que l'auteur réaliste transporte toujours avec lui (plus important que son chevalet), devant une collection ou un continu d'objets inaccessibles à la parole sans cette opération maniaque [...]; pour pouvoir en parler, il faut que l'écrivain, par un rite initial, transforme d'abord le «réel» en objet peint (encadré); après quoi il peut décrocher cet objet, le tirer de sa peinture : en un mot : le dé-peindre (dépeindre, c'est faire dévaler le tapis des codes, c'est référer, non d'un langage à un référent, mais d'un code à un autre code). Ainsi le réalisme (bien mal nommé, en tous cas souvent mal inter-

prété) consiste non à copier le réel, mais à copier une copie (peinte) du réel (XXIII. « Le modèle de la peinture »[1]).

Dans le texte classique, [...] la plupart des énoncés sont originés, on peut identifier leur père et propriétaire : c'est tantôt une conscience (celle d'un personnage, celle de l'auteur), tantôt une culture (l'anonyme est encore une origine, une voix : celle que l'on trouve dans le code gnomique par exemple); mais il arrive que dans ce texte classique toujours hanté pourtant par l'appropriation de la parole, la voix se perde, comme si elle disparaissait dans un trou du discours. La meilleure façon d'imaginer le pluriel classique est alors d'écouter le texte comme un échange chatoyant de voix multiples, posées sur des ondes différentes et saisies par moments d'un fading brusque, dont la trouée permet à l'énonciation de migrer d'un point de vue à l'autre, sans prévenir... (XX. « Le fading des voix »).

R. Barthes, in *S/Z* (*op. cit.*, p. 61 et 48-49).

Interrogeant aussi la représentation réaliste, et quasi simultanément, Bernard Vannier étudie plus précisément le portrait balzacien, la prise en charge par l'écriture de la description des corps (*L'Inscription du corps. Pour une sémiotique du portrait balzacien*, Klincksieck, 1972). Au cours de son analyse de l'unité textuelle du portrait (place, organisation, fonctions), il reprend dans une perspective sémiotique l'étude plus large et érudite menée par Olivier Bonard de la référence picturale dominante dans le portrait, et l'interprète comme destinée à masquer son artificialité, à simuler la peinture d'après nature : « Par la grâce du pictural, l'écrit serait rapproché d'un cran de la vérité de la chose même. » Bernard Vannier, contribuant avec Roland Barthes, à contester le « naturel » du portrait balzacien, conclut que la représentation réaliste est d'abord « un jeu d'écritures » (p. 68 et 185).

Lucien Dällenbach poursuit cette remise en question de l'interprétation reçue du roman réaliste balzacien à partir d'une interrogation de la prétendue « lisibilité » ou complétude balzacienne : « Du fragment au cosmos. *La*

1. Analyse poursuivie par exemple dans l'article de R. Le Huenen et P. Perron « Balzac et la représentation » qui étudie le lien étroit établi entre représentation et savoir; celle-ci n'étant que la « réitération d'une trace, d'une empreinte laissée dans la mémoire par l'imposition d'un savoir » *Poétique* n° 61, 1985, p. 80.

Comédie humaine et l'opération de lecture», *Poétique*, n° 40, 1979; «Le tout en morceaux», *Poétique*, n° 42, 1980. Partant d'une analyse de la thématisation de la lecture et de l'écriture dans *La Muse du département*, Lucien Dällenbach voit dans ce désir de complétude un «mythe destiné précisément à camoufler ces manques», donc un geste de dénégation, et dans *La Comédie humaine* une «gigantesque opération de replâtrage» grâce au principe de l'unité de composition et aux lois de causalité et d'analogie qui permettent à Balzac de transformer le chaos en cosmos. Cette lecture tend par là même à rapprocher le texte balzacien de nous qui nous situons au-delà d'une crise de la causalité dont Dällenbach voit précisément un symptôme dans la conjuration du disparate et de l'hétérogène que manifeste ce désir forcené de complétude.

> La mise en place d'une armature aussi puissante se comprendrait-elle si le disparate et l'hétérogène ne menaçaient de toujours déjà l'entreprise ? Le doublement des objets décrits par un commentaire métalinguistique trahissant l'opacité du concret ou son incapacité à fonctionner comme symbole, la surmotivation des événements révélant ce qu'elle veut dissimuler, à savoir la puissance du hasard et le collage des morceaux, l'intempérance discursive ramenant le singulier au général et dissolvant le sensible dans l'intelligible, le bourrage du sens suggérant que le (trop) plein masque le vide, qu'il y a une faille fondamentale, et que l'œuvre s'édifie au-dessus d'un abyme qui toujours menace de l'engloutir, — autant de symptômes que la construction est plus précaire qu'il n'y paraît et qu'elle est moins une construction, en définitive, qu'une gigantesque *opération de replâtrage*.
>
> L. Dällenbach, «Le tout en morceaux», *Poétique*, n° 42 (*op. cit.*, p. 164-165).

Les lectures sociocritiques ou plutôt sociopoétiques du texte littéraire postulent, elles aussi, sa relative autonomie et la spécificité des règles qui le régissent mais aussi sa relative dépendance du contexte historique, et plus particulièrement du discours social à partir duquel (contre et avec) il est élaboré et lu. Le roman réaliste est ainsi étudié non pas comme reproduisant une réalité ou des discours situés historiquement mais comme les retravaillant, faisant jouer ces discours ou les éléments de cette réalité en fonction d'une élaboration esthétique spécifique.

Claude Duchet analyse, dans *Balzac et «La Peau de chagrin»* (C. Duchet éd., CDU-SEDES, 1979) les procédures de «mise en texte du social» dans le début du roman, considéré comme un lieu stratégique où se négocient un rapport au monde et un statut spécifique de la fiction, de la compétence du narrateur et du choix générique. Les fins de roman, par quoi aussi le texte s'ouvre sur le monde, ont fait l'objet d'un travail analogue, mené par Claude Duchet et Isabelle Tournier, qui en rend compte dans sa thèse : *Balzac, le hasard, le roman* (Atelier des thèses, Lille, 1993, microfilmé). Cette étude de la notion de hasard et de sa mise en pratique dans le roman balzacien relève aussi de la sociopoétique en ce qu'elle replace l'usage qu'en fait Balzac dans celui qu'en font les autres discours de l'époque. Partant de l'étude d'un mot, la réflexion s'élargit au rapport spécifique de Balzac au romanesque et à la fiction, la fiction étant inséparable de ce hasard, qualifié par Balzac de «plus grand romancier du monde». Isabelle Tournier lit ainsi cette formule : le hasard «met le monde en roman et ainsi y donne accès», et sait «déchiffrer le monde», parce que «la société n'est que hasard et c'est cela qu'a découvert le roman balzacien, sous le nom de "hasard social"» (*op. cit.*, p. 405); le romancier doit donc s'identifier au hasard.

Étudier la façon dont le discours social s'inscrit dans le roman peut consister également à analyser le cliché dont Ruth Amossy et Elisheva Rosen montrent, à partir d'*Eugénie Grandet*, qu'il «participe aussi bien de la mise en place du vraisemblable, que de la critique des idées reçues» (*Les Discours du cliché*, SEDES-CDU, 1982, p. 65). Henri Mitterand, pour sa part, consacre deux chapitres de son *Discours du roman* (PUF, 1980) à la représentation de l'espace social, à la façon dont il est hiérarchisé, figuré dans *La Fille aux yeux d'or*, transformé en personnage agissant dans *Ferragus*. Ces analyses présupposent tout à la fois la perméabilité du roman aux discours qui l'entourent, aux savoirs et aux représentations qui constituent le discours social, et sa capacité à produire des effets de sens ou même des savoirs spécifiques. Comme les analyses structurales ou sémiotiques, elles contribuent donc à modifier la conception simpliste qu'on pouvait avoir de la représentation et du trop fameux «réalisme» de Balzac.

4

QUESTIONS CRITIQUES

1. QUESTIONS D'HIER ET D'AVANT-HIER

1.1 La question de la moralité

Le premier débat suscité par les romans de Balzac nous semble bien désuet; mais il est utile de le rappeler pour mesurer l'impact de ces romans sur le lecteur d'alors, bousculé dans ses attentes, pour restituer à ces textes la violence que leur fortune scolaire a pu affaiblir. C'est évidemment une querelle facile que la critique de l'époque fait à Balzac : pour elle, tout roman est immoral. Et l'accusation portée très tôt, dès *La Physiologie du mariage*, accompagne Balzac jusqu'au bout, l'obligeant à se justifier de préface en préface. C'est en effet pour «se débarrasser du *San Benito* dont la sainte ou la maudite inquisition du journalisme le coiffe en lui jetant à la tête le mot *immoralité*» — accusation qu'il juge «étrange, imméritée» — qu'il écrit une seconde préface au *Père Goriot* (1er mai 1835, *La Comédie humaine*, *op. cit.*, t. III, p. 46).

La réponse de Balzac à cette accusation récurrente ne varie pas dans les arguments invoqués mais bien dans le ton. Dans la préface à la première édition du *Père Goriot*, en mars 1835, il ironise sur la soudaine vertu de ses contemporains, et dresse le tableau des femmes vertueuses et criminelles de ses ouvrages, obtenant ainsi un «résultat flatteur pour la société, la balance étant de trente-huit sur soixante en faveur de la vertu» (*op. cit.*, p. 45). L'argumentation soufflée à Félix Davin pour son introduction aux *Études de mœurs au XIXe siècle* est sérieuse. Cinq ans après, dans la préface de *La Femme supérieure* (*Les Employés*), le ton est plus las, les attaques ayant redoublé avec la publication en feuilletons. La participation de Balzac à l'entreprise de publication d'un feuilleton-roman quotidien dans *La Presse* avec *La Vieille Fille* a en effet aggravé l'accusation d'immoralité par les contraintes propres à la presse : il ne faut pas choquer les abonnés et Émile de Girardin, invoquant les lettres de

Félix Davin, «Introduction» aux Études de mœurs au XIXe siècle

«En vérité, quand on parcourt ces premières compositions de M. de Balzac, on se demande comment on peut le taxer d'immoralité. Des figures vicieuses se rencontrent sous ses pinceaux, il est vrai; mais ne dirait-on pas que le Vice n'existe plus au XIXe siècle ? La critique, sous peine d'être stupide, peut-elle oublier la première loi de la littérature, ignorer la nécessité des contrastes ? [...] Certes, quand un écrivain veut configurer toute son époque, quand il s'intitule l'historien des mœurs du XIXe siècle, et que le public lui confirme le titre qu'il a pris, il ne peut, quoi qu'en dise la pruderie, faire un choix entre le beau et le laid, le moral et le vicieux; séparer l'ivraie du bon grain, les femmes amoureuses et tendres des femmes vertueuses et rigides. Il doit, sous peine d'inexactitude et de mensonge, dire tout ce qui est, montrer tout ce qu'il voit. Attendez, pour établir une balance, que l'œuvre soit achevée, et alors, quoi qu'il advienne, n'attribuez l'honneur du plus ou du moins qu'à ses modèles, à moins que ses portraits ne soient pas ressemblants, ce que personne, j'imagine, n'a trouvé jusque aujourd'hui. Si tout est vrai, ce n'est pas l'ouvrage qui peut être immoral» (*op. cit.*, t. I, p. 1162).

lecteurs, demande en novembre 1836 à Balzac de choisir un autre sujet que celui qui était prévu, *La Torpille*, histoire d'une grisette (*Correspondance*, *op. cit.*, t. III, p. 192). De surcroît *La Vieille Fille* a subi les attaques dirigées contre *La Presse* par des concurrents inquiets; l'accusation d'immoralité était alors prétexte, et moyen de ruiner une entreprise considérée comme dangereuse par les autres journaux, par exemple *Le Charivari*. On comprend donc qu'en 1838, le ton ait changé. La réplique reste cependant la même que dans les préfaces du *Père Goriot* : Balzac ne fait que décrire «la société dans son entier, telle qu'elle est» (préface de *La Femme supérieure*, *op. cit.*, t. VII, p. 894). L'expression rassemble ainsi les deux arguments séparés en 1835 : c'est la société qui est immorale; il se doit de «tout peindre [...] les sentiments humains, les crises sociales, le mal et le bien, tout le pêle-mêle de la civilisation» (préface à la seconde édition du *Père Goriot*, *op. cit.*, p. 47). Le premier argument était déjà celui de Stendhal, le second est plus spécifique à Balzac, lié à sa visée de totalisation. Jules Janin, en 1839, ne s'y trompe pas et en réaction cette fois à la peinture du Journal faite dans *Un grand homme de province à Paris*, s'élève contre l'ambition même de tout peindre :

> Parce que la chose existe, est-ce à dire que le roman et la comédie, le crochet à la main, se puissent occuper de ce pandémonium grouillant sur ce tas d'immondices ? Non, non, il y a des choses qu'on ne doit pas voir et qui sont à peine permises au philosophe, à peine permises au moraliste, à peine permises au chrétien. Un écrivain n'est pas un chiffonnier, un livre ne se remplit pas comme une hotte.

J. Janin, *La Revue de Paris*, juillet 1839, cité par Zola, « Jules Janin et Balzac », « De la critique », in *Le Roman expérimental, op. cit.*, p. 318.

Après la mort de Balzac et la reconnaissance relative dont il bénéficie, l'accusation d'immoralité se détourne vite sur d'autres objets romanesques, *Madame Bovary* par exemple.

1.2 La question du style

Auprès de la question impertinente et de mauvaise foi qu'est celle de la moralité, masque d'un procès intenté au roman autant qu'à Balzac, la question du style se pose de manière plus féconde et plus tenace. Nous avons vu déjà combien Gautier se singularisait dans son appréciation du style de Balzac, «style nécessaire, fatal et mathématique de son idée», alors que Sainte-Beuve lui reconnaissait «le sentiment de la vie» mais le jugeait par trop corrompu. De fait, le style de Balzac n'est guère sujet de débat : il est entendu qu'il n'en a pas pour Brunetière, Lanson et Proust lui-même qui le juge trop explicatif et didactique.

Pourtant certaines voix reprennent les analyses de l'ami Théo pour les approfondir. Hippolyte Taine, dès 1858, décrit les jugements portés par l'institution critique sur le style de Balzac comme anachroniques, «dérivant des habitudes de vie et d'esprit du dix-septième siècle» («Balzac», *Le Journal des Débats*, février-mars 1858; in *Nouveaux Essais de Critique et d'Histoire*, Hachette, 1865, p. 36). L'éloge qu'il fait de ses beautés, grandeur, richesse et nouveauté, se fonde sur l'adéquation de cette écriture à l'ambition de dire la diversité du monde. Et dans ce que Sainte-Beuve qualifiait négativement de «bigarrures», Taine voit l'originalité même de Balzac, un Balzac obligé d'user de toutes les langues des diverses spécialités pour représenter toute la littérature par ses œuvres, et dont l'écriture témoigne de sa lutte avec la diversité chaotique de sa matière.

> Ce style est un chaos gigantesque ; tout y est : les arts, les sciences, les métiers, l'histoire entière, les philosophes, les religions ; il n'est rien qui n'y ait fourni des mots. On parcourt, en dix lignes, les quatre coins de la pensée et du monde. [...] Vous êtes choqué d'abord ; puis l'habitude vient, bientôt la sympathie et le plaisir. [...] Bientôt ces bizarreries vous piquent ; vous vous complaisez dans une métaphore inattendue ; votre esprit aperçoit entre des objets infiniment distants un lien inconnu. Les mille filets par lesquels toutes les choses se rejoignent et se tiennent d'un bout de l'univers à l'autre entrelacent sous vos yeux leur réseau inextricable. La chimie explique l'amour ; la cuisine touche à la politique ; la musique ou l'épicerie sont parentes de la philosophie. Vous voyez plus de choses et plus d'attaches entre les choses ; au lieu d'un jardin commode et bien planté, c'est le fouillis obscur et énorme d'une grande forêt.

H. Taine, « Balzac » (*op. cit.*, p. 43-44).

Comme Gautier, Taine refuse une conception rhétorique et normative du style : il analyse ce que Flaubert appelle « la poétique insciente » de l'œuvre, et y voit, en même temps que le complément nécessaire de sa conception du monde, la condition de l'effet de connaissance produit sur le lecteur.

Une défense du style de Balzac plus récente, et plus consciente de la spécificité de la forme romanesque, consiste à déplacer la question, à redéfinir le style en termes de « composition ». C'est ainsi qu'Alain, grand admirateur de Balzac, décrit son style en termes de procédés narratifs et énonciatifs plus que stylistiques : il le situe dans sa manière de « raconter sans raconter », de « faire attendre et surprendre encore mieux », dans son « aptitude à se mettre à la place d'un personnage », ou encore dans « la dépendance des détails par rapport à l'ensemble », bref ce qu'il appelle un « style indirect » (*Avec Balzac*, repris dans « Le style de Balzac », in *L'Œuvre de Balzac*, *op. cit.*, t. II). L'analyse porte ainsi sur les grandes unités narratives et prend de la hauteur pour embrasser un roman ou les romans dans leur totalité. Julien Gracq, qui convient que l'écriture de Balzac présente parfois des déficiences, considère précisément que les « données stylistiques changent de poids à partir d'un certain volume romanesque» et que «l'interconnexion romanesque généralisée» propre à *La Comédie humaine* a aussi pour effet stylistique de mobiliser «le potentiel d'un secteur romanesque éloigné au service d'un récit qui languit ou qui flanche» (*En lisant en écrivant*, José Corti, 1981, p. 41). C'est à passer d'une stylistique de la phrase à une poétique du roman que nous invite Balzac.

1.3 Balzac, observateur ou visionnaire ?

La question du «réalisme» balzacien s'est d'abord posée, pour ses contemporains et avant que la notion de réalisme n'apparaisse dans le métalangage littéraire, dans le cadre d'une conception simple de la création littéraire romanesque : Balzac raconterait à partir de faits observés ou de faits imaginés. Lorsqu'on ne veut pas lui faire de procès, par exemple lui reprocher de travestir la réalité comme le fait Sainte-Beuve quand il le traite de «voyant», on pense les deux termes comme complémentaires. C'est ainsi que procèdent aussi bien Hugo dans son discours d'hommage du 21 août 1850 que Théophile Gautier dans sa grande étude sur Balzac de 1859 et surtout Hippolyte Taine en 1858, qui souligne la complémentarité entre observation et imagination, et qui analyse les composantes du pouvoir créateur balzacien en un observateur qui se comporte en savant, un philosophe qui coordonne et systématise, et un artiste qui insuffle la vie à l'ensemble :

- Victor Hugo : «... livre qui est l'observation et qui est l'imagination ...»
- Théophile Gautier : «Quoique cela semble singulier à dire en plein XIXe siècle, Balzac fut un *voyant*. Son mérite d'observateur, sa perspicacité de physiologiste, son génie d'écrivain ne suffisent pas pour expliquer l'infinie variété des deux ou trois mille types qui jouent un rôle plus ou moins important dans *La Comédie humaine*.»
- Hippolyte Taine : «Quand l'observateur et le philosophe avaient amassé ainsi les idées et les faits, l'artiste arrivait; peu à peu il s'animait».

Respectivement *Œuvres complètes* de V. Hugo, édition chronologique de J. Massin, t. VII, p. 317, cité plus haut; *L'Œuvre de Balzac*, t. V, p. XI; *Nouveaux Essais de Critique et d'histoire*, *op. cit.*, p. 25.

Cependant le discours critique veut aller plus loin en évaluant l'importance relative de la part de l'une et l'autre dimensions. Baudelaire met l'accent sur un Balzac plus « visionnaire passionné » qu'observateur. Mais l'esthétique réaliste qui devient dominante dans la seconde moitié du siècle et se cherche des pères, privilégie un Balzac savant observateur. On a vu Zola, en 1880, le qualifier d'« analyste qui travaille à l'enquête scientifique de son temps » mais avouer d'autre part : « l'imagination de Balzac, cette imagination déréglée qui se jetait dans toutes les exagérations et qui voulait créer le monde à nouveau, sur des plans extraordinaires, cette imagination m'irrite plus qu'elle ne m'attire. » (Successivement « L'argent dans la littérature », et « Du roman », in *Le Roman expérimental*, Garnier-Flammarion, 1971, p. 204 et 217). À la fin du siècle, c'est bien un Balzac « réaliste » qui occupe la première place, dans le discours encyclopédique de Pierre Larousse comme dans la critique universitaire de Ferdinand Brunetière :

- Pierre Larousse : « Balzac était peintre, peintre de mœurs surtout; il avait un sentiment très fin de la vie privée, des mœurs bourgeoises, des réalités vulgaires de l'existence, des scènes d'intérieur, des petites misères et des trivialités; sous ce rapport, sa faculté d'observation, servie par une vaste mémoire, lui fournit des effets d'une réalité saisissante. Quand il trace un portrait, on dirait que le modèle pose devant lui » (Pierre Larousse, *Grand dictionnaire universel du XIXe siècle*, t. II, p. 137).
- Ferdinand Brunetière : « L'attitude de Balzac en présence de ses personnages ou du sujet de ses tableaux est celle du naturaliste en présence de l'animal ou de la plante qu'il étudie : patiente et attentive, « soumise à son objet », libre de tout parti pris personnel. Ce ne sont point ses impressions qu'il nous donne : c'est la réalité qu'il tâche à ressaisir, et la réalité tout entière » (Ferdinand Brunetière, *Manuel de l'histoire de la littérature française*, Paris, C. Delagrave, 1898, p. 416).

À côté de ses lectures qui font de Balzac un romancier de la représentation voire de la reproduction d'un réel préexistant et qui susciteront beaucoup de malentendus, il faut citer une lecture qui frappe par son originalité, celle d'un écrivain, Henry James. Celui-ci semble d'abord trancher le débat observation/imagination en faveur de cette dernière, mais ensuite il déplace le problème en interrogeant non tant les facultés créatrices que les effets produits :

> Toute son expérience se résumait à son imagination ; il n'avait probablement pas de temps à consacrer au monde réel. Voilà qui nous conduit à une superbe et simple vérité : c'était son imagination qui accomplissait seule le travail, elle se chargeait à la fois de la conception et de l'exécution — à vaste effort, succès en proportion [...].
>
> Tout l'épisode dans *Illusions perdues* où Mme de Bargeton « plaque » Lucien de Rubempré alors qu'elle arrive avec lui à Paris parce que son habit, son pantalon et autres détails déplaisent à Mme d'Espard est soit un tragique et magnifique document, soit une vision sans fondement édifiée de toutes pièces. Le grand miracle, je me réjouis de le dire, est que nous ne pouvons pas découvrir ce dont il s'agit réellement, nous sentons en le lisant que nous en sommes incapables ; aucun auteur d'ailleurs ne nous impose un abandon si particulier à son propos. C'est fait ; nous sommes forcés de nous rabattre là-dessus ; nous ne pouvons pas en sortir ; la seule possibilité qui nous reste est de dire que le vrai ne peut faire plus qu'exister et que si le faux l'égale en ce domaine nous n'avons plus qu'à renoncer à chercher la différence. Balzac est le seul romancier à posséder le secret d'une insistance qui annule la différence. Il réchauffe les faits jusqu'à leur insuffler la vie ; comme témoignage, l'épisode que je viens de citer possède le même degré de certitude que si l'on avait effectué une parfaite harmonisation.

H. James, « Honoré de Balzac », in *Du roman considéré comme un des beaux-arts*, traduit de l'anglais par Chantal de Biasi, Christian Bourgois éd., 1987, p. 110 et 118-119.

Cesser de chercher à faire la distinction entre vérité et fiction permet à James d'affirmer hautement que seul compte l'effet de vérité produit.

Cette façon de poser autrement la question reste cependant isolée et la réaction la plus prévisible à la transformation de Balzac en romancier naturaliste consiste à prendre le contrepied, à reprendre pour l'orchestrer le mot de « visionnaire » lancé par Baudelaire mais en en faisant un principe de lecture de l'œuvre de Balzac. C'est ce que fait Hugo von Hofmannstahl lorsqu'il décrit l'univers balzacien comme la « vision hallucinante la plus complète et la plus multiple qui fût jamais », « comme gorgé de vérité », ou encore comme la « peinture d'une réalité devenue plus intense et comme soulevée par un ferment surnaturel » (« L'univers de *La Comédie humaine*», in *L'Œuvre de Balzac*, *op. cit.*, t. VII, p. VIII et III). Comme Baudelaire, il tend à ne faire de l'aspect réaliste qu'une façade au-delà de laquelle il faut aller pour mesurer la portée de l'œuvre balzacienne : «Cet apparent matérialiste est un visionnaire passionné, un extatique. [...] Tous ces personnages si concrets ne sont pourtant que les incarnations éphémères d'une force indéfinissable» (p. XVI).

En 1946, Albert Béguin reprend cette interprétation sur le mode polémique dans son *Balzac visionnaire* (Skira, 1946), et entreprend d'arracher Balzac aux tenants du réalisme et du naturalisme. Le monde balzacien est décrit comme la projection et l'incarnation d'une expérience intérieure, elle-même liée à une expérience de l'absolu. Car Balzac crée un monde qui emprunte ses éléments au monde réel mais qui les réorganise selon les lois d'une mythologie personnelle ; mythologie qui doit se lire moins comme «l'expression symbolique de la vie intérieure» que comme «la confrontation de la destinée terrestre à l'horizon surnaturel, puisque la personne apparaît comme ouverte à des forces surnaturelles» (*Balzac lu et relu*, Seuil, 1965, p. 201). Albert Béguin opère une lecture mythologique et spiritualiste de Balzac, en privilégiant les contes fantastiques et les études philosophiques, et en faisant apparaître derrière les romans réalistes les mythes que ceux-ci donnent à lire plus directement. Il est plus nuancé dans ses préfaces et son étude de *L'Œuvre de Balzac* (*op. cit.*, t. XVI ; repris en volume avec *Balzac visionnaire*, in *Balzac lu et relu*), où s'interrogeant sur l'effet de lecture produit par l'ordre chronologique choisi pour son édition de *La Comédie humaine*, il conclut que cet ordre est à la fois conforme à l'ambition de raconter le demi-siècle du Balzac «réaliste» et à la mythologie du Balzac visionnaire, puisque c'est *Louis Lambert* qui est donné à lire en ouverture :

> «Avant de pénétrer dans la durée balzacienne, le lecteur est donc averti de ce qui va être l'objet de cette longue quête du Graal : une interrogation complexe sur l'usure de l'énergie vitale, la lutte entre la pensée et la nature, les possibilités d'incarner l'une et de spiritualiser l'autre. [...] *La Comédie humaine* est aussi une tragédie surhumaine, dont le dénouement n'est pas la mort mais la vieillesse, meurtrière des plus vigoureuses ambitions et le désespoir par quoi se solde l'énorme tentative prométhéenne».

A. Béguin, in *L'Œuvre de Balzac* (*op. cit.*, p. VIII-IX).

Portrait de Balzac en chercheur d'absolu, mais coupé de tout ancrage historique.

1.4 Balzac, conservateur ou révolutionnaire ?

«À son insu, qu'il le veuille ou non, qu'il y consente ou non, l'auteur de cette œuvre immense et étrange est de la forte race des écrivains révolutionnaires. Balzac va droit au but. Il saisit corps à corps la société moderne. Il arrache à tous quelque chose, aux uns l'illusion, aux autres l'espérance, à ceux-ci un cri, à ceux-là un masque» (V. Hugo, *op. cit.*, p. 317). C'est à nouveau dans le magnifique hommage de Victor Hugo à son contemporain qu'on peut trouver les premières traces d'un débat qui alimentera longtemps la critique balzacienne. Débat dont fait état pour s'en moquer Baudelaire dans un article de 1864 : «Une espèce de critique paradoxale a déjà essayé de travestir le monarchiste Balzac, l'homme du trône et de l'autel, en homme de subversion et de démolition» (Baudelaire, *Œuvres complètes*, coll. «Bibliothèque de la Pléiade», p. 797). Il faut signaler le cas singulier représenté par Barbey d'Aurevilly qui fait de Balzac un penseur catholique et monarchiste sans faille et voit ces principes à la source même de sa grandeur. Mais il est le seul dans les années 1850 à avoir cette position. Les penseurs de droite considèrent Balzac comme dangereux et il faut attendre la fin du siècle avec Maurras pour que Balzac soit aussi revendiqué par les deux bords politiques.

Les premières interprétations «progressistes» de Balzac ne cherchent pas à transformer Balzac mais à autonomiser l'œuvre, à séparer l'interprétation des romans de l'intention idéologique et politique que leur conférait leur auteur dans son «Avant-propos». La lecture déjà évoquée qu'en font Marx et Engels suppose un vouloir-dire spécifique de l'œuvre romanesque, et se fait «contre» Balzac. Toute la critique marxiste, on l'a vu, s'inscrit dans cette perspective d'une interprétation «révolutionnaire» des romans, la plus nette dans cette volonté d'aller à l'encontre des intentions explicites étant les lectures des *Paysans*, roman qui se voulait réactionnaire.

Je ne voudrais revenir sur ces analyses que pour souligner le déplacement de la démarche interprétative qui s'opère lorsque avec les ouvrages de Pierre Barbéris, ce ne sont pas les seuls romans réalistes qui sont interprétés dans cette perspective mais aussi les études philosophiques et les contes fantastiques, ainsi disputés au Balzac «visionnaire» de Béguin et annexés au Balzac «réaliste critique». De surcroît ce sont les choix idéologiques de l'homme Balzac qui font l'objet d'une relecture : la défense de la monarchie apparaît en effet à Pierre Barbéris comme un choix déterminé historiquement, le seul choix possible pour s'opposer à la société qui se met en place en 1830 :

> «Sans perspective du côté de la gauche, refusant le juste-milieu, Balzac ne voit de solution que dans un monarchisme moderne, fonctionnel, organisateur et unificateur, chargé d'intégrer les forces vives et d'assurer le développement en mettant fin à l'anarchie libérale et à l'atomisation du corps social par l'argent et les intérêts».

P. Barbéris, *Balzac, une mythologie réaliste* (*op. cit.*, p. 89).

On voit qu'il ne s'agit plus de lire l'œuvre à rebours des intentions de l'homme mais d'interpréter les choix idéologiques et politiques de l'homme à rebours de l'usage, et le monarchisme de Balzac comme un choix «progressiste» et non comme un regret nostalgique de l'Ancien Régime[1]. Non plus Balzac contre Balzac mais un Balzac contre le Balzac de la vulgate balzacienne.

2. L'ATELIER CONTEMPORAIN

2.1 Balzac contre Balzac ?

Opposer Balzac à lui-même appartient, on l'a vu, à la tradition critique balzacienne, et a consisté, pour l'essentiel et pendant longtemps, à opposer les intentions et opinions de l'homme aux significations de l'œuvre. Dans ce débat idéologique et politique, la démonstration d'une unité de signification s'est faite aussi bien pour donner à lire un Balzac «réaliste

1. Une autre interprétation de la conversion au légitimisme consiste à y voir une protestation de l'artiste spolié, qui revendique son appartenance à une aristocratie de l'art : R. Chollet, *op. cit.*

critique», un «Balzac total et continu de 1820 à 1850» que pour donner la priorité à un Balzac philosophe et physiologiste dont les «Études philosophiques» servent de base à l'explication de la vie contemporaine. Dans *Une lecture de Balzac*, en 1964, Maurice Bardèche reprend et prolonge les analyses de Curtius mais dans une optique polémique, pour faire des «Études de mœurs» une déduction de la pensée philosophique énergétique de Balzac et de sa théorie des passions et prouver ainsi le caractère «profondément unitaire» de *La Comédie humaine* (*Une lecture de Balzac*, Les Sept Couleurs, 1964, p. 390).

Plus récemment, la question a quitté le terrain politique et s'est déplacée sur le plan esthétique. Faut-il lire Balzac en reprenant à son compte les visées de Totalité et d'Unité ou bien en montrer la faillite ? Poursuivant l'entreprise de description du «Système» balzacien d'André Allemand (*Unité et structure de l'univers balzacien*, Plon, 1965), la thèse plus récente de Max Andréoli se donne pour but d'en décrire les lignes de forces. Dans son «essai de description synchronique» de ce système, il affirme la «plénitude» de l'univers balzacien dont la structure fondamentale et caractéristique est à ses yeux la structure ternaire, structure qui résulte de la fusion ou de «la résolution des contradictions dans l'unité» (*Le Système balzacien. Essai de description synchronique*, univ. de Lille III, Atelier de reproduction des thèses, 1984, 2 vol, p. 123). Lire ainsi Balzac, c'est aller dans le sens de ses propos préfaciels, unifier les intentions de l'auteur et leur réalisation; cela présuppose aussi bien la maîtrise totale du système que le succès de sa visée de complétude. Or les lectures «modernes» de Balzac remettent le plus souvent en cause l'un et l'autre, le système comme la complétude. La notion de «disparate» proposée par Pierre Macherey pour décrire le double discours tenu par le texte de Balzac, est reprise mais pour rendre compte des failles du système ou de la construction balzacienne. C'est le caractère systématique de l'architecture de *La Comédie humaine* qui apparaît le plus fragile ou le plus artificiel. Albert Béguin, pourtant partisan d'une unité de la vision balzacienne, le considère comme une solution compensatoire :

> Le génie de Balzac était plus qu'un autre envahi par ce qu'il produisait et inapte à imposer un cadre fixe à ce foisonnement de vie. Les caté-

> gories rigides du classement par *scènes* (de la vie parisienne, de province, militaire, etc.) constituent une solution désespérée et dont le caractère systématique, et il faut le dire un peu enfantin, ne s'explique que par le besoin de compenser le désordre congénital d'une création non gouvernée.

A. Béguin, « Balzac lu et relu », in *L'Œuvre de Balzac*, t. XVI, p. V.

La description de la genèse tourmentée de cette architecture telle qu'elle apparaît dans *Les Travaux et les Jours d'H. de Balzac*, de Stéphane Vachon, va dans le sens d'un ordre conquis, provisoirement, sur un désordre menaçant : elle en montre les réajustements incessants, et le caractère toujours instable. Cette remise en question n'ébranle pas seulement le plan de *La Comédie humaine*, mais aussi sa visée de complétude. L'inachèvement du projet tel que présenté dans le « Catalogue de 1845 », dont cinquante-deux titres ne seront jamais des romans, l'instabilité du classement de certains romans jusque dans l'édition Furne corrigée par Balzac contribuent fortement à faire de ce cadre rigide et définitif le produit du hasard. Et si Balzac avait vécu aussi longtemps qu'Hugo ? Les pratiques d'écriture propres à Balzac, qui considère tout imprimé comme brouillon, et ses propres *Œuvres complètes* comme un manuscrit à corriger, accentuent l'inachèvement de ce monument, en font un mouvement arbitrairement figé.

C'est précisément le travail de la critique que de lui restituer sa dynamique. Nous avons déjà mentionné les analyses de Lucien Dällenbach qui voit dans l'obsession de la complétude de Balzac le signe même de son impossibilité à l'atteindre. Dans une perspective voisine, le livre de Franc Schuerewegen, *Balzac contre Balzac, Les cartes du lecteur* (SEDES/Paratexte, coll. « Présence critique », Paris-Toronto, 1990) voit dans le souci manifeste et omniprésent de Balzac de guider son lecteur le symptôme d'une peur, celle du lecteur rebelle ou parasite, peur conjurée par l'inscription de ce lecteur rebelle dans la fiction : *Albert Savarus*, par exemple, met en scène une contre-lecture par l'intermédiaire du personnage de Rosalie, lectrice parasite, immorale mais pertinente de la nouvelle écrite par le héros éponyme. Lire Balzac contre son propos explicite, se montrer lecteur indocile, ce n'est plus aujourd'hui contester sa valeur

…ttéraire, c'est travailler à le rendre lisible pour des lecteurs contemporains, plus curieux d'un texte disparate, pluriel, que d'une œuvre monumentale et monolithique.

Ce *Balzac au pluriel*, c'est celui que traque Nicole Mozet dans ses études d'un Balzac multiple en ce qu'il n'est pas seulement l'auteur de *La Comédie humaine* mais aussi l'auteur des «romans de jeunesse» et des *Contes drolatiques*. Le modèle balzacien, trop simpliste, se voit bousculer par des approches multiples, historiques, érudites, sémiotiques, génétiques.

> Que Balzac ait donné plusieurs versions différentes de ses propres textes, cela peut s'interpréter de deux façons opposées. Celle qui a prévalu jusqu'à présent correspond à l'image, d'ailleurs réelle d'un écrivain perfectionniste remettant inlassablement son travail sur le métier pour l'améliorer. Mais y a-t-il progrès ou seulement changement de point de vue ? Car une autre conception est possible, qui voit dans cette mobilité le caractère fondamental du texte balzacien. Non pas une défaillance que seules l'importance de l'œuvre et la puissance de l'imagination rendent excusable, mais sa force et sa modernité. L'ensemble des romans de Balzac, si on ne les réduit pas à l'étape : «Comédie humaine», constitue un étonnant texte protéiforme, perpétuellement en mouvement.

N. Mozet, *Balzac au pluriel* (*op. cit.*, p. 290).

Il semble que le recours à la notion de système, lié à un effort de légitimation d'un Balzac penseur, apparaisse inutile aujourd'hui où cherche plutôt à se définir l'apport spécifique d'un Balzac romancier, au sens le plus large et le plus ambitieux, et qui serait penseur par des moyens romanesques, échappant à tout système.

2.2 Recherches en cours

À la complexité, à la diversité d'une œuvre prise dans un constant mouvement de réorganisation et de réécriture répond ainsi une diversité d'approches qui caractérise les recherches actuelles.

Rappelons ici que ces recherches se caractérisent d'abord par le souci de n'écarter aucun Balzac ni aucun texte de Balzac : en témoigne l'intérêt suscité ces dernières années par les *Contes drolatiques* ou la *Physiologie du mariage*, textes jusqu'alors moins étudiés, et auparavant par les récits courts et nouvelles.

Quelques études sur les récits courts

• *Sarrasine* a successivement attiré l'attention de Georges Bataille (*Le Bleu du ciel*), puis de Jean Reboul (*Cahiers pour l'analyse* n° 7, 1967), puis de R. Barthes (*S/Z*, 1970), de Michel Serres (*L'Hermaphrodite, Sarrasine sculpteur*, Flammarion, 1987) et de Sandy Petrey (*Realism and Revolution*, Cornell University Press, 1988).

• Sur *Adieu* : Madeleine Borgomano (*Romantisme* n° 76, 1992).

• Sur *Le Réquisitionnaire* : Lucette Finas (*Poésie* n° 64, 1993) et F. Schuerewegen (*La Lecture littéraire*, Clancier-Guénaud, 1987).

• Sur *Le Chef-d'œuvre inconnu* : premier chapitre de *Fenêtre jaune cadmium ou les dessous de la peinture* de Hubert Damisch (Seuil, 1984) et *« Le Chef-d'œuvre inconnu, Gambara, Massimila Doni »*, études de Raymond Mahieu, in *L'Œuvre d'art*, par E. David, F. Leriche, R. Mahieu, Belin, coll. « DIA », 1993.

• Les récits courts se sont prêtés plus facilement que les romans à une analyse interne, structurale ou thématique.

• « Système des personnages et topologie actantielle dans *La Maison du chat-qui-pelote* », de Paul Perron, *Le Roman de Balzac* (Didier, 1980).

• « Une lecture structurale de *La Fille aux yeux d'or*, de N. Mozet dans *Balzac au pluriel* (*op. cit.*, p. 124-142).

Parmi les questions ou plutôt les chantiers qui restent ouverts ou commencent à s'ouvrir, trois seront retenus qui semblent importants : la poétique romanesque de Balzac, la réception de son œuvre et les questions spécifiques posés par sa réécriture incessante.

Poétique du roman balzacien

L'étude de la poétique balzacienne ou de ses poétiques puisque la critique met souvent *Balzac au pluriel*, reste une source d'interrogations renouvelées. Notons comme significative la place accordée à cette question dans deux ouvrages récents : Jean Paris, *Balzac* (Balland, 1986), et Annette Rosa, Isabelle Tournier, *Balzac* (A. Colin, 1992), qui consacrent leur premier chapitre l'un au personnage balzacien qu'il voit entré dans l'ère du soupçon, l'autre aux «lois de la poétique balzacienne», ces lois que Balzac se donnait pour but de déterminer dans ses articles de *La Revue parisienne*, en 1840.

> À propos du personnage :
> Contrairement à certains préjugés, qui se sont jadis fourvoyés jusque dans « l'avant-garde », le personnage balzacien, du moins sous sa forme active, n'est nullement une donnée fixe, enclose en ses contours, mais une stase toujours provisoire dont la fonction n'est jamais sûre. Menacé de toutes parts, ne serait-ce que par les autres livres où il a trouvé/trouve/trouvera place, il s'inscrit, on le voit, dans une immense problématique qui déborde ses avatars et fait crise dans le social.
>
> J. Paris, *Balzac* (*op. cit.*, p. 182).

D'autre part, le dernier colloque du Groupe international de recherches balzaciennes, tenu en mai 1994 à Montréal, s'est donné pour objet : Balzac et sa poétique du roman. Or le colloque de Cerizy de 1980 portait déjà sur *Balzac : l'invention du roman* (*op. cit.*). De fait, les revues de critique littéraire ou balzacienne et les volumes collectifs non consacrés à Balzac ont publié de nombreuses recherches sur cette question. Voici un échantillon, qui ne se veut ni exhaustif ni exemplaire, mais seulement significatif, d'articles publiés depuis 1978, date du colloque Balzac de Toronto :

• Sur la description et le portrait

VAN ROSSUM-GUYON Françoise, «La description chez Balzac», *L'Année balzacienne*, 1980.

IMBERT Patrick, «Le système de la description chez Balzac», *Le Roman de Balzac*, Montréal, Didier, 1980.

LE HUENEN Roland, PERRON Paul, «Balzac et la représentation», *Poétique* n° 61, 1985.

NEEFS Jacques, «Figures dans le paysage : *Le Curé de village*», *Littérature* n° 61, 1986.

LAZLO Pierre, «Buffon et Balzac : variations d'un modèle descriptif», *Romantisme* n° 58, 1987.

MOLINO Jean, «Balzac et la technique du portrait. Autour de "Sarrasine"», *Lettres et Réalités, Mélanges de littérature générale et de critique romanesque offerts à Henri Coulet*, Presses de l'université de Provence, 1988.

VOUILLOUX Bernard, «Titien-la-couleur et la couleur fard; code et figuralité dans *La Comédie humaine*», *Romantisme* n° 79, 1993.

MITTERAND Henri, «Figures de la description balzacienne», *Michigan Romance Studies*, «Rhétorique», vol. XIII, Ann Arbor, 1993.

• Sur la narration et le métadiscours

VAN ROSSUM-GUYON Françoise, «Des nécessités d'une digression. Sur une figure du métadiscours chez Balzac», *Revue des sciences humaines* n° 175, 1979-1983.

VAN ROSSUM-GUYON Françoise, «Redondances et discordances : métadiscours et autoreprésentation», *Les Parents pauvres*, F. Van Rossum et M. van Brederode éd., CDU-SEDES, 1981.

VAN ROSSUM-GUYON Françoise, «Métadiscours et commentaire esthétique chez Balzac : quelques problèmes», *Degrés* n° 24-25, 1981.

BARON Anne-Marie, «Statut et fonction de l'observateur balzacien», *L'Année balzacienne*, 1989.

• Sur l'inscription du lecteur et de la lecture

SCHUEREWEGEN Franc, «Le lecteur et le lièvre. Comment lire *Le Réquisitionnaire* de Balzac ?», *La lecture littéraire*, Clancier-Guénaud, 1987.

MERTÈS-GLEIZE Joëlle, «Séduite et épousée : les stéréotypes de la lecture dans *Modeste Mignon*», *Balzac, Œuvres complètes, Le «Moment» de La Comédie humaine*, Presses Universitaires de Vincennes, 1993.

• Sur le froissement des genres

GUICHARDET Jeannine, «Balzac et le conte de fée», *Revue des sciences humaines* n° 175, 1979 1983.

AMOSSY Ruth, « L'exploitation des contraintes génériques dans *La Comédie humaine* : l'exemple du récit licencieux », *Balzac : l'invention du roman*, Belfond, 1982.

MASSOL-BEDOUIN Chantal, « L'énigme de *Ferragus* : du roman noir au roman réaliste », *L'Année balzacienne*, 1987.

VANONCINI André, « *Pierrette* et la rénovation du code mélodramatique », *Balzac, Œuvres complètes, Le « Moment » de La Comédie humaine*, Presses Universitaires de Vincennes, 1993.

MURA Aline, « *Le Lys dans la vallée* : un roman épistolaire ? », *Balzac, « Le Lys dans la vallée », « cet orage de choses célestes »*, SEDES, 1993.

DOMINATI-BARUCHEL Isabelle, « Aimer ou écrire : de la lettre au roman », *Balzac, « Le Lys dans la vallée »* (*op. cit.*).

Études sur la réception

Elles peuvent se situer dans la perspective d'une étude des discours critiques tenus sur Balzac et de leurs logiques et axiologies, ou dépasser le champ de la réception des critiques pour saisir les lectures des lecteurs, dans le courrier reçu par exemple, et essayer, dans la perspective de l'esthétique de la réception de Hans Robert Jauss, de reconstruire l'attente de ces simples lecteurs, et l'effet produit par le roman balzacien.

VANONCINI André, « Lire/écrire Balzac : moments d'un discours critique », *Balzac et Les Parents pauvres*, CDU et SEDES, 1981.

VANONCINI André, « Pour une critologie balzacienne. Esquisse d'une problématique », *Littérature* n° 42, mai 1981.

DESCOMBES Vincent, « Le titre de *La Comédie humaine* », *Problèmes actuels de la lecture*, Clancier-Guénaud, 1982.

BILLOT Nicole, « Balzac vu par la critique, 1839-1840 », *L'Année balzacienne*, 1983 ; « *Le Père Goriot* et sa fortune littéraire », *L'Année balzacienne*, 1986.

BELLOS David, « Reconnaissances : Balzac et son public féminin », *Œuvres et Critiques*, t. XI, n° 3, 1986.

BILLOT Nicole, «*Le Père Goriot* devant la critique (1835)», *L'Année balzacienne*, 1987.

DUCAS Sylvie, «Critique littéraire et critiques de lecteurs en 1836. *Le Lys dans la vallée*, roman illisible ?», *Balzac, Le Lys dans la vallée*, SEDES, 1993.

VAILLANT Alain, «Balzac et la crise de l'édition romanesque sous la Monarchie de Juillet», *Le «Moment» de La Comédie humaine*, PUV, 1993.

Les questions de génétique

L'histoire de la genèse des textes appartient à la tradition critique, et accompagne toute bonne édition critique d'un roman, comme par exemple celles des éditions Classiques Garnier. L'établissement des textes est assuré, l'attribution exacte des textes douteux progresse, par exemple celle des articles de journaux et revues, grâce au *Balzac journaliste* de Roland Chollet, ou la part prise à la rédaction du roman de jeunesse, *L'Excommunié*, grâce à René Guise (*L'Année balzacienne*, 1985).

Cependant la génétique a déplacé le centre d'intérêt sur les «brouillons» et tous les états du texte antérieurs à son édition définitive. De nouvelles questions peuvent être ainsi posées au texte de Balzac, texte toujours mouvant puisqu'il ne pouvait rééditer un roman sans y faire des corrections et le plus souvent des additions. La génétique balzacienne trouve sa spécificité dans la nature de son matériau, l'imprimé, épreuves et éditions successives plus souvent que manuscrits; ce qu'avait déjà bien vu Antoine Albalat dans son *Travail du style, enseigné par les corrections manuscrites des grands écrivains* (A. Colin, coll. «L'Ancien et le Nouveau», 1903; rééd. 1991).

Bien qu'elle ne fournisse qu'un volume variable du dossier génétique des romans, l'édition de Pierre-Georges Castex et de son équipe dans la Bibliothèque de la Pléiade, comportant de nombreux avant-textes, manuscrits ou épreuves, d'une part, la datation et la description minutieuse des *Travaux et les jours de Balzac* par Stéphane Vachon d'autre part, fournissent les instruments de travail indispensables à l'étude des phénomènes de réécriture, d'addition ou de réemploi qui caractérisent Balzac. Il ne s'agit plus alors d'établir le texte définitif, ni d'en postuler la supériorité sur les états antérieurs, mais d'en étudier les variations d'un état à l'autre, et d'une édition à l'autre. En outre, pour prendre en compte la spécificité de l'écriture de Balzac, il faut ajouter à l'étude de l'avant-texte, l'étude des imprimés successifs, selon une approche macro-génétique, dont l'objet est plutôt «l'œuvre "dans son entier", la disposition de ses parties, sa structure, son organisation globale, ce par quoi le texte arrive à une existence stable» (S. Vachon, article cité *infra*).

• Sur la génétique

DUCHET Claude, «Notes inachevées sur l'inachevé», *Le Manuscrit inachevé*, Louis Hay éd., éd. du CNRS, 1986.

AMBRIÈRE (FARGEAUD) Madeleine, «Balzac. Du réel à l'imaginaire ? Le document et ses métamorphoses», *Romans d'archives*, Presses Universitaires de Lille, 1987.

Articles dans *L'Année balzacienne*, particulièrement 1988,1989.

MOZET Nicole, *Balzac au pluriel*, PUF, 1990, ch. V.

MOZET Nicole, «Pour une histoire des pratiques d'écriture : peut-on comparer les manuscrits de Balzac et ceux de George Sand ?», *Sur la génétique textuelle*, Amsterdam, Atlanta, Rodopi, 1990.

VACHON Stéphane, «La "même histoire" d'une femme de trente ans : "j'ai corrigé l'édition qui sert de manuscrit"», *Balzac*, «*La Femme de trente ans*», SEDES, 1993.

Les études balzaciennes récentes s'efforcent donc d'une part de mettre Balzac, sa poétique, au pluriel, d'autre part (et cela va dans le même sens), de défaire le travail d'effacement de l'hétérogénéité des textes et de leur historicité en quoi a consisté l'élaboration de *La Comédie humaine* : avec et contre Balzac, elles s'emploient à l'inachever, à le remettre en travail.

5

GUIDE BIBLIOGRAPHIQUE

On trouvera ici, classé chronologiquement à l'intérieur de chaque rubrique, un choix d'ouvrages sur Balzac qui ne prétend pas à l'exhaustivité mais qui voudrait cependant étendre les références déjà faites dans les pages précédentes.

Pour compléter cette bibliographie, on pourra se reporter à Annie-Lucienne Cosson : *Vingt ans de bibliographie balzacienne* (*1948-1967*), University of Missouri, 1970 (difficile à trouver); et surtout à la «Bibliographie balzacienne» que fournit annuellement *L'Année balzacienne* depuis 1961.

Depuis 1971, une bibliothèque spécialisée, aujourd'hui riche de 10 000 titres, est ouverte aux chercheurs dans la Maison de Balzac, inaugurée en 1910 et musée de la Ville de Paris depuis 1949, située en contrebas de la rue Raynouard, au n° 47, et qui organise régulièrement des expositions consacrées à Balzac : la prochaine sera consacrée à «Balzac et les métiers du livre».

1. Éditions

1.1 Éditions de référence

Nous avons présenté les différentes éditions de *La Comédie humaine* dans la seconde partie de cet ouvrage. Nous nous bornerons ici à souligner l'intérêt majeur que présente pour tout chercheur, même débutant, l'édition de Pierre-Georges Castex dans la Bibliothèque de la Pléiade. Une mention particulière doit être faite pour le tome XII qui contient, outre une bibliographie, plusieurs index extrêmement utiles : des personnages fictifs; des personnes réelles, des personnages historiques, mythologiques, et littéraires cités; des œuvres citées; et enfin des œuvres des personnages fictifs de *La Comédie humaine*.

La Comédie humaine, éd. publiée sous la direction de P. G. Castex, Gallimard, coll. « Bibliothèque de la Pléiade », 1976-1981, 12 vol.

Œuvres diverses, éd. publiée sous la direction de P. G. Castex, Gallimard, coll. « Bibliothèque de la Pléiade », t. I, 1990. Ce premier volume contient les *Cent contes drolatiques*, et les premiers essais philosophiques, romanesques, dramatiques et poétiques de Balzac. Deux autres tomes sont prévus suivant un ordre chronologique : t. II : de 1824 à 1835 ; t. III : de 1835 à 1848. Les « romans de jeunesse » ont fait l'objet d'une édition séparée déjà mentionnée.
Le théâtre de Balzac est présenté et annoté par R. Guise dans trois volumes des *Œuvres complètes illustrées*, éditées par Jean A. Ducourneau, *Les Bibliophiles de l'originale*, 1965-1976, t. XXI-XXIII.
Il faut signaler d'autre part l'intérêt que présentent les éditions Classiques Garnier, dont l'appareil critique est souvent remarquable.

1.2 Manuscrits

La plupart des manuscrits de Balzac sont conservés dans la collection Lovenjoul de l'Institut de France. L'édition de la Bibliothèque de la Pléiade dont l'originalité est de fournir les avant-textes en même temps que les textes, publie, avec des informations précieuses sur la genèse, de nombreux brouillons ou épreuves.

La Correspondance générale est éditée par Roger Pierrot, éd. Garnier, 1960-1969, 5 vol.

Les *Lettres à Mme Hanska* font l'objet d'une publication séparée, également par R. Pierrot, Bibliophiles de l'originale, 1967-1971, 4 vol., reprise en éd. Bouquins, 2 vol., 1990.
Publication récente d'inédit : *L'Excommunié*, le manuscrit du plus développé des essais de roman historique entre 1823 et 1825 a été publié dans *L'Année balzacienne*, Garnier, 1985. Il permet de préciser quelle est la part que l'on peut attribuer à Balzac dans ce roman achevé par ses secrétaires, Belloy et Grammont, et publié en 1837 dans les *Œuvres complètes* d'H. de Saint-Aubin.

2. Sources documentaires

2.1 Recueils de textes critiques.

Seul est disponible l'ouvrage de Marc Blanchard, qui est moins un tableau de la critique balzacienne qu'un recueil de jugements organisé thématiquement et sans commentaires :

BLANCHARD Marc, *Témoignages et jugements sur Balzac. Essai bibliographique. Recueil de jugements.* 1931, Genève, Slatkine Reprints, 1980.

Il faut signaler aussi :

La bibliographie exhaustive des articles consacrés à Balzac entre 1850 et 1900 dans l'ouvrage de D. Bellos, *Balzac's Criticism in France, 1850-1900. The Making of a Reputation*, Clarendon Press, Oxford, 1976.

MICHEL Arlette, «État présent des études balzaciennes», *L'Information littéraire*, sept.-oct. 1986 et nov.-déc. 1986.

Bibliographies générales :

RANCŒUR René, *Bibliographie de la littérature française*, A. Colin, à partir de 1953, (annuelle).

KLAPP Otto, *Bibliographie d'Histoire littéraire française*, Frankfurt am Main, V. Klostermann, à partir de 1960, (annuel depuis 1968).

2.2 Revues

L'Année balzacienne, fondée en 1959 par le Groupe d'études balzaciennes; revue annuelle éditée par Garnier puis par les PUF (nouvelle série depuis 1980); publie des inédits, des études critiques et des informations documentaires. Certains numéros sont consacrés à la publication d'un colloque (*L'A. B.* 1985 : «Des œuvres de jeunesse au *Père Goriot*»; *L'A. B.* 1992 : «Balzac et l'Europe») ou comportent un dossier particulier (*L'A. B.* 1991 : «Balzac et les pouvoirs»). Chaque numéro de la nouvelle série comporte une liste des articles publiés dans les volumes antérieurs.

Le Courrier balzacien, organe de la Société des Amis de Balzac.

Numéros spéciaux de revue consacrés à Balzac :

Europe, n° 429-30, janv. février 1965.

Le Magazine littéraire, n° 120, «Balzac», janv. 1977.

Revue des Sciences humaines, n° 175, Université de Lille III, sept. 1979.

Œuvres et Critiques, vol. XI, n° 3, «Honoré de Balzac», Gunter Narr Verlag, Tübingen, 1986.

Équinoxe, revue internationale d'études françaises, «Balzac», Rinsen Books, Osaka, printemps 1994.

3. ÉTUDES BIOGRAPHIQUES ET HISTORIQUES

3.1 Études biographiques et biographies

• Témoignages contemporains

GOZLAN Léon, *Balzac en pantoufles* (1856), rééd. Lemercier, 1926.

SURVILLE Laure, *Balzac : sa vie, ses œuvres, d'après sa correspondance*, Librairie nouvelle, 1858.

GAUTIER Théophile, *Honoré de Balzac*, Poulet-Malassis, de Broise,1859, in *Portraits contemporains*, Charpentier, 1874; rééd. *Portrait de Balzac*, L'Anabase, 1994.

• Biographies

ABRAHAM Pierre, *Balzac. Recherches sur la création intellectuelle*, Rieder, 1929.

BILLY André, *Vie de Balzac*, Flammarion,1944; 1947, nouv. éd. sous le titre *Balzac*, Club des éditeurs, 1959.

ZWEIG Stefan, *Balzac : a Biography*, New York, Viking Press,1946, trad. fr., Albin Michel, 1950.

DUCOURNEAU Jean A., *Album Balzac*, iconographie commentée, Gallimard, 1962.

MAUROIS André, *Prométhée ou la vie de Balzac*, Hachette, 1965; nouv. éd. Flammarion, 1974.

DE CESARE Raffaelle, *Miserie e splendori di Balzac nel dicembre 1836*, Milano, Vita et Pensiero, 1977.

BARDÈCHE Maurice, *Balzac*, Julliard, 1980.

GENGEMBRE Gérard, *Balzac, le Napoléon des lettres*, Gallimard, coll. « Découvertes », 1992.

PIERROT Roger, *Honoré de Balzac*, Fayard, 1994.

3.2 Études et essais synthétiques

BRUNETIÈRE Ferdinand, *Manuel d'Histoire de la Littérature française*, 1899, p. 442-453.

FAGUET Émile, *Balzac*, Hachette, 1913.

TAINE Hippolyte, *Nouveaux Essais de critique et d'histoire*, ch. « Balzac », Hachette, 1865.

BELLESSORT André, *Balzac et son œuvre*, Perrin, 1924 ; nouv. éd. 1937.

CURTIUS Ernst Robert, *Balzac*, trad. fr. d'H. Jourdan, Grasset, 1933.

THIBAUDET Albert, *Histoire de la littérature française de 1789 à nos jours*, Stock, 1936, p. 219-138.

ALAIN, *En lisant Balzac*, Martinet, 1935 ; nouv. éd. sous le titre *Avec Balzac*, Gallimard, 1937.

GUYON Bernard, *La Pensée politique et sociale de Balzac*, Armand Colin, 1947 ; nouv. éd. 1967.

LAUBRIET Pierre, *L'Intelligence de l'art chez Balzac*, Didier, 1961.

DONNARD Jean Hervé, *Les Réalités économiques et sociales dans « La Comédie humaine »*, A. Colin, 1961.

BARDÈCHE Maurice, *Une lecture de Balzac*, les sept couleurs, 1964.

WURMSER André, *La Comédie inhumaine*, Gallimard, 1964.

ALLEMAND André, *Honoré de Balzac. Création et passion*, Plon, 1965.

BÉGUIN Albert, *Balzac lu et relu*, Seuil, 1965.

NYKROG Per, *La Pensée de Balzac dans « La Comédie humaine ». Esquisse de quelques concepts clés*, Munksgaard, diff. Klincksieck, 1965.

BARBÉRIS Pierre, *Mythes balzaciens*, A. Colin, 1971.

BARBÉRIS Pierre, *Le Monde de Balzac*, Arthaud, 1973.

ANDRÉOLI Max, *Le Système balzacien. Essai de description synchronique*, Lille Atelier de reprod. des thèses, 1984, 2 vol.

PARIS Jean, *Balzac*, Balland, coll. « Une vie, une œuvre, une époque », 1986.

MOZET Nicole, *Balzac au pluriel*, PUF, 1990.

3.3 Thèses et études d'une question dans l'œuvre

BLANCHARD Marc, *La Campagne et ses habitants dans l'œuvre de Balzac*, Champion, 1931, Genève Slatkine Reprints, 1980.

BERTAULT Philippe, *Balzac et la religion*, Boivin, 1942 ; nouvelle édition augmentée, Genève, Slatkine, 1980.

LE YAOUANC M., *Nosographie de l'humanité balzacienne*, Maloine, 1959.

BONARD Olivier, *La Peinture dans la création balzacienne*, Genève, Droz, 1969.

BARBÉRIS Pierre, *Balzac et le mal du siècle*, 2. vol., Gallimard,1970.

FORTASSIER Rose, *Les Mondains de « La Comédie humaine »*, Klincksieck, 1974.

PUGH Anthony R., *Balzac's Recurring Characters*, Toronto University Press, 1974.

FRAPPIER-MAZUR Lucienne, *L'Expression métaphorique dans « La Comédie humaine »*, Klincksieck, 1976.

MICHEL Arlette, *Le Mariage chez Honoré de Balzac. Amour et féminisme*, Les Belles Lettres, 1978.

MOZET Nicole, *La Ville de province dans l'œuvre de Balzac*, SEDES-CDU, 1982.

MÉNARD Maurice, *Balzac et le comique de « La Comédie humaine »*, Publications de la Sorbonne, PUF, 1983.

GUICHARDET Jeannine, *Balzac, « archéologue de Paris »*, SEDES, 1986.

TOURNIER Isabelle, *Balzac, le hasard, le roman*, Lille, Atelier des thèses, 1993, microfilmé.

NESCI Cathy, *La Femme mode d'emploi, Balzac, de la « Physiologie du mariage » à « La Comédie humaine »*, Lexington, Kentucky, French Forum Publ., 1993 (diff. Klincksieck).

• Études sur le réalisme

LUKÁCS Georges, *Balzac et le réalisme français*, Maspéro, 1935 ; trad. fr., 1967.

AUERBACH Erich, *Mimesis*, Gallimard, 1968, ch. XVIII ; rééd. coll. « Tel », 1977.

BUTOR Michel, « Balzac et la réalité », *Répertoire I*, éd. de Minuit, 1960.

CONDÉ Michel, *La Genèse sociale de l'individualisme romantique. Esquisse historique de l'évolution du roman en France du XVIIIe au XIXe siècles*, Niemeyer, Tübingen, 1989, ch. V.

3.4 Études de genèse et biographies de l'œuvre

SPOELBERCH DE LOVENJOUL Charles de, *Histoire des œuvres de Honoré de Balzac*, Calmann-Lévy, 1888 ; Genève, Slatkine, 1968.

SPOELBERCH DE LOVENJOUL Charles de, *La Genèse d'un roman de Balzac, « Les Paysans »*, Ollendorf, 1901.

BARRIÈRE J. Pierre, *Les Romans de jeunesse d'H. de Balzac*, Hachette, 1928.

PRIOULT Alain, *Balzac avant « La Comédie humaine »*, 1818-1829, Contribution à l'étude de la genèse de son œuvre, Jouve et Cie éditeurs, 1936.

BARDÈCHE Maurice, *Balzac romancier, La formation de l'art du roman chez Balzac jusqu'à la publication du « Père Goriot » (1820-1835)*, Plon, 1940, Genève, Slatkine Reprints, 1967.

GUYON Bernard, *La Création littéraire chez Balzac*, A. Colin, 1951.

POMMIER Jean, *L'Invention et l'Écriture de « La Torpille » d'H. de Balzac*, avec le texte inédit du manuscrit original, Genève Droz-Minard, 1957.

BOREL Jacques, *Personnages et destins balzaciens. La création littéraire et ses sources anecdotiques*, José Corti, 1958.

BARBÉRIS Pierre, *Aux sources de Balzac. Les romans de jeunesse*, Les Bibliophiles de l'originale, 1965.

TAKAYAMA Tetsuo, *Les Œuvres romanesques avortées de Balzac (1829-1842)*, Tokio/Paris, José Corti, 1966.

CHOLLET Roland, *Balzac journaliste. Le tournant de 1830*, Klincksieck, 1983.

FELKAY Nicole, *Balzac et ses éditeurs, 1822-1837. Essai sur la librairie romantique*, Promodis, Édition du Cercle de la librairie, 1987.

VACHON Stéphane, *Les Travaux et les Jours d'H. de Balzac. Chronologie de la création balzacienne*, Presses Universitaires de Vincennes, Presses du CNRS, Presses de l'Université de Montréal, 1992.

3.5 Études de réception

BLANCHARD Marc, *Témoignages et jugements sur Balzac*, Champion, 1931, Genève, Slatkine Reprints, 1980.

IKNAYAN Marguerite, *The Idea of the Novel in France : the Critical Reaction 1815-1848*, Genève Droz-Minard, 1961.

BELLOS David, *Balzac Criticism in France. 1850-1900, The Making of a Reputation*, Oxford, Clarendon Press, 1976.

MC CARTHY Mary Suzan, *Balzac and his reader. A Study of the Creation of Meaning in La Comédie humaine*, Univ. of Missouri Press, Columbia and London, 1982.

PARENT-LARDEUR Françoise, *Les Cabinets de lecture. La lecture publique sous la Restauration*, Payot, 1982.

MOUNOUD Christine, *Balzac et ses lectrices*, Indigo, Du côté des femmes, 1994.

3.6 Ouvrages d'introduction

BARBÉRIS Pierre, *Balzac, une mythologie réaliste*, Larousse, 1971.

GUISE René, *Balzac. 1. La Société. 2. L'Individu*, Hatier, 1972-1973, 2 vol.

REY Pierre-Louis, *La Comédie humaine de Balzac : analyse critique*, Hatier, 1979.

ROSA Annette et TOURNIER Isabelle, *Balzac*, A. Colin, 1992.

4. Analyses internes de l'œuvre

4.1 Études thématiques et psychanalytiques

POULET Georges, *Études sur le temps humain*, t. II. *La Distance intérieure*, Plon, 1950-1952, 1976 (p. 122-193).

RICHARD Jean-Pierre, *« Corps et décors balzaciens »*, *Études sur le romantisme*, éd. du Seuil, 1970.

ROBERT Marthe, *Roman des origines et origine du roman*, Grasset, 1972.

CITRON Pierre, *Dans Balzac*, éd. du Seuil, 1986.

DANGER Georges, *L'Éros balzacien. Structure du désir dans « La Comédie humaine »*, José Corti, 1989.

BARON Anne-Marie, *Le Fils prodige. L'inconscient dans « La Comédie humaine »*, Nathan, coll. « Le texte à l'œuvre », 1993.

4.2 Études de structure, narratologiques et sémiotiques

ALLEMAND André, *Unité et structure de l'univers balzacien*, Plon, 1965.

GENETTE Gérard, *Figures II*, éd. du Seuil, 1969.

BARTHES Roland, *S/Z*, éd. du Seuil, 1970.

VANNIER Bernard, *L'Inscription du corps. Pour une sémiotique du portrait balzacien*, Klincksieck, 1972.

YUCEL Tahsin, *Figures et messages dans « La Comédie humaine »*, Mame, 1973.

KANES Martin, *Balzac's Comedy of Words*, Princeton University Press, 1975.

JACQUES Georges, *Paysages et structures dans « La Comédie humaine »*, Louvain, Public. de l'université, 1976.

BROOKS Peter, *The Melodramatic Imagination, Balzac, James. Melodrama and the mode of excess*, Newhaven and London, Yale Univ. Press, 1976.

IMBERT Patrick, *Sémiotique de la description balzacienne*, Ottawa, éd. de l'Université, 1978.

LE HUENEN Roland, PERRON Paul, *Balzac. Sémiotique du personnage romanesque*, Presses de l'Université de Montréal, 1980.

VANONCINI André, *Figures de la modernité. Essai d'épistémologie sur l'invention du discours balzacien*, José Corti, 1984.

FRØLICH Juliette, *Pictogrammes, figures du descriptif dans le roman balzacien*, Solum Forlag, Norvège, éd. Privat, 1985.

DARGAN Joan, *Balzac and the Drama of Perspective. The Narrator in Selected Works of « La Comédie humaine »*, French Forum Publishers, Lexington, Kentucky, 1985.

GRANGE Juliette, *L'Argent, la Prose, les Anges*, La Différence, 1990.

SCHUEREWEGEN Franc, *Balzac contre Balzac. Les Cartes du lecteur*, SEDES/Paratexte, Toronto, Paris, 1990.

PASCO Allan H., *Balzacian Montage. Configuring « La Comédie humaine »*, Univ. of Toronto Press, 1991.

MAHIEU R., DAVID E., LERICHE F., *L'Œuvre d'art* (sur Balzac, Proust et Rilke), Belin, coll. « DIA », 1993.

5. OUVRAGES COLLECTIFS ET MONOGRAPHIES

5.1 Ouvrages collectifs

The Evolution of Balzac's « Comédie humaine », studies ed. by E.P. Dargan and B. Weinberg, Univ. of Chicago Press, 1942.

Balzac and the Nineteenth Century, D.G. Charlton, J. Gaudon, A. Pugh, ed., Leicester University Press, 1972.

Le Roman de Balzac, études réunies par R. Le Huenen et R. Perron, Didier, Montréal, 1980.

Honoré de Balzac, E. Gumbrecht, K. Stierle, R. Warning, éd., W. Fink, Münich, 1980.

Balzac, L'Invention du roman, présentation par C. Duchet et J. Neefs, Belfond, 1982.

Le « Moment » de « La Comédie humaine », *Balzac, Œuvres complètes*, éd. par C. Duchet et I. Tournier, Presses Universitaires de Vincennes, 1993.

5.2 Monographies

BOREL Jacques, *« Le Lys dans la vallée » et les structures profondes de la création balzacienne*, José Corti, 1961.

FARGEAUD Madeleine, *Balzac et « La Recherche de l'absolu »*, Hachette, 1968.

LORANT André, *« Les Parents pauvres » d'H. de Balzac. Étude historique et critique*, Genève, Droz, 1967, 2 vol.

Balzac et « La Peau de chagrin », études réunies par C. Duchet, SEDES-CDU, 1979.

Balzac et « Les Parents pauvres », études réunies par F. Van Rossum-Guyon et M. Van Brederode, SEDES-CDU, 1981.

Balzac : « Illusions perdues », « l'œuvre capitale dans l'œuvre », F. Van Rossum-Guyon éd., Groningen, CRIN 18, 1988.

Balzac, « Le Lys dans la vallée », « cet orage de choses célestes », SEDES, 1993.

Balzac, « La Femme de trente ans », « une vivante énigme », SEDES, 1993.

• Sur *Eugénie Grandet*

BERTHIER Philippe, *« Eugénie Grandet » d'Honoré de Balzac*, Gallimard, coll. « Foliothèque », 1992.

• Sur *Le Père Goriot*

BARBÉRIS Pierre, *« Le Père Goriot » de Balzac, Écriture, structures, significations*, Larousse, coll. « Thèmes et textes », 1972.

QUINSAT René, *Le Père Goriot*, Classiques Hachette, 1972, coll. « Poche Critique ».

MICHEL Arlette, *Le Pathétique balzacien dans « La Peau de chagrin », « Histoire des Treize » et « Le Père Goriot »*, 1985.

GUICHARDET Jeanine, *Le Père Goriot*, Gallimard, coll. « Foliothèque », 1993.

KANES Martin, *« Le Père Goriot ». Anatomy of a Troubled World*, Twayne Publishers, New York, 1993.

CONCLUSION

Toute étude des lectures successives d'une même œuvre met au jour une pluralité de lectures possibles, donne à voir le pluriel de l'œuvre. Mais dans le cas de Balzac, ce pluriel, frappant au sortir de ce parcours critique, est en quelque sorte programmé. Non que Balzac ait voulu donner à son œuvre une pluralité de significations — au contraire — mais parce qu'il l'a voulue polymorphe, parce qu'il l'a voulue monumentale certes, mais construite à partir de fragments. Tel est bien le sens de la métaphore de la mosaïque, qui relaie, avec celle de la fresque murale, la métaphore monumentale, dans les préfaces de 1838 et 1839, au moment où achève de prendre forme la conception d'ensemble de l'œuvre, et avant que *La Comédie humaine* ne s'érige en ce monument-tombeau que décrit Roland Chollet dans «Ci-gît Balzac» (*Le «Moment» de La Comédie humaine*, *op. cit.*).

L'œuvre-mosaïque

«Qui sait ! Le hasard est un bon ouvrier [...]. Plus tard il se pourrait que tous ces morceaux fissent une mosaïque : seulement il est certain qu'elle ne sera pas à fond d'or comme celles de Saint-Marc à Venise, ni à fond de marbre comme celles de l'antiquité [...], elle sera de la plus vulgaire terre cuite, matière dont sont faites certaines églises de village en Italie ; [...] Eh ! diantre, l'auteur est de son époque et non du siècle de Léon X, de même qu'il est un pauvre Tourangeau, non un riche Écossais» (Préface de la première édition de *La Femme supérieure* (*Les Employés*), 1838, *op. cit.*, t. VII, p. 882-883).

«Enfin, vous aurez le milieu d'une vie avant son commencement, le commencement, le commencement après sa fin, l'histoire de la mort avant celle de la naissance.

D'abord il en est ainsi dans le monde social. Vous rencontrez au milieu d'un salon un homme que vous avez perdu de vue depuis dix ans [...]. Il n'y a rien qui soit d'un seul bloc dans ce monde, tout y est mosaïque. Vous ne pouvez raconter chronologiquement que l'histoire du temps passé, système inapplicable à un présent qui marche. L'auteur a devant lui pour modèle le dix-neuvième siècle, modèle extrêmement remuant et difficile à faire tenir en place» (Préface de la première édition d'*Une fille d'Ève*, 1839, *op. cit.*, t. II, p. 265).

Comme le monument, la mosaïque comporte dans son sémantisme la notion de pérennité, mais elle y ajoute l'hétérogénéité des formes et éventuellement des matériaux à partir desquels se compose l'unité. Il suffit donc que l'on accommode sur une partie de la mosaïque ou que ses fragments soient mis en mouvement, pour que leur assemblage et leur sens soient modifiés. Or ce mouvement, s'il n'est pas voulu par Balzac constructeur de *La Comédie humaine*, est présent dans le contexte de la préface d'*Une fille d'Ève*; il est en outre permis par la nature même de son matériau, l'imprimé, et par le mode de réception qu'il induit, la lecture. La prolifération de romans virtuels et de lectures possibles, loin d'être le seul effet du temps et de l'évolution des savoirs, est donc au principe même de l'écriture balzacienne.

La métaphore de la mosaïque comporte également, du moins à l'époque de Balzac, les sèmes de représentation en même temps que de reproduction de tableaux. En effet *Le Dictionnaire des dictionnaires* de Napoléon Landais (1843), comme le *Grand Dictionnaire universel du XIXe siècle* (1866-1878) de Pierre Larousse donnent au mot mosaïque la même étymologie qu'au mot musée : «Ouvrage de rapport où par le moyen de petites pierres et de petits morceaux différemment colorés, on représente des figures, on copie même des tableaux» (N. Landais). «Ouvrage composé de petites pierres dures ou de morceaux d'émail de diverses couleurs, formant par leur assemblage une sorte de peinture [...]. Les tableaux de Saint-Pierre de Rome sont des reproductions exécutées en mosaïque» (P. Larousse). De la même manière il s'agit pour Balzac de représenter la société de son temps et du même geste l'ensemble de la littérature et aussi bien son travail d'écriture romanesque. C'est dire que le propre de l'écriture balzacienne est sans doute de viser à la fois la représentation et l'autoreprésentation ; l'œuvre est regard sur la société (dont elle perce les secrets), en même temps qu'elle est regard sur elle-même, pour se relire, se clore et se lier dans une totalisation provisoire.

Cette non-contradiction entre la représentation du monde et ce que Proust appelait l'autocontemplation tient sans doute à ce que Balzac conçoit l'œuvre littéraire non comme le chef-d'œuvre parfait d'un artiste qui peut se couper du monde pour le parfaire, mais comme une fabrique et un travail pris dans les contraintes de l'édition, dans un contexte historique et social donné. Tel est son propos dans la préface de *La Femme supérieure* (1838) où il compare précisément son œuvre à une mosaïque (t. VII, p. 882).

Les lectures que l'on a faites, à la suite de Butor, du «mobile» balzacien sont tout aussi licites et modernes que les lectures qui montrent son ancrage dans son contexte historique, ou que l'image d'un Balzac post-moderne que nous propose Lucien Dällenbach dans son prochain ouvrage. Balzac serait-il toujours le contemporain du lecteur ? La réponse est partiellement négative en raison de tout ce qui nous sépare du début du XIXe siècle; mais elle est en partie positive en raison de toutes les virtualités recelées par l'œuvre et qui peuvent s'actualiser par l'interprétation.

Quand, à la fin de L'*Acacia*, le protagoniste du roman de Claude Simon, évadé d'un camp et miraculé de la guerre, réapprend à vivre, il se met d'abord à l'écoute de son corps, puis à la lecture de Balzac : «Chez un bouquiniste, il acheta les quinze ou vingt tomes de *La Comédie humaine* reliés d'un maroquin brun-rouge qu'il lut patiemment, sans plaisir, l'un après l'autre, sans en omettre un seul, en écoutant le vent frotter les toits avec bruit, faire battre quelque part un volet» (éd. de Minuit, 1989, p. 379). Lecture sans plaisir mais méthodique, sorte de retour à l'élémentaire de la littérature, de plongée dans une fiction primordiale, pour y trouver la force de se mettre à écrire. Ce qu'il fait.

CHRONOLOGIE

LA VIE ET L'ŒUVRE D'HONORÉ DE BALZAC

Enfance et jeunesse (1799-1819)

1799 : Honoré Balzac naît à Tours le 20 mai, de Anne-Laure Sallambier, fille du directeur de la régie des hospices de Paris et de Bernard-François Balssa, plus âgé qu'elle de trente-deux ans, d'origine paysanne, et qui, sous le nom de Balzac, a fait carrière dans les fournitures militaires.

1807-1813 : Placé en nourrice très tôt puis en pension au collège de Vendôme à l'âge de huit ans, Honoré est un enfant privé de tendresse maternelle, dont l'état physique et moral en 1813 s'est dégradé au point qu'il est rendu à ses parents et à ses sœurs Laure et Laurence.

1813-1815 : Il finit ses études secondaires en pension à Paris, où sa famille s'installe en 1814.

1815-1819 : Tout en faisant ses études de droit, Honoré est clerc chez un avoué puis chez un notaire et travaille à un essai sur l'immortalité de l'âme.

Premiers essais philosophiques, littéraires, éditoriaux (1819-1828)

1819-1820 : Honoré refuse de devenir notaire et de suivre sa famille à Villeparisis. Il s'installe rue Lesdiguières avec l'accord paternel, entreprend une dissertation sur l'homme, une tragédie, *Cromwell*, puis des romans historiques et philosophiques, *Agathise*, transformé en *Falthurne*, et *Sténie ou les Erreurs philosophiques*, tous deux inachevés.

1821-1822 : Premières entreprises de « littérature marchande », en collaboration avec Le Poitevin de l'Egreville puis seul. Ses premiers romans paraissent sous pseudonyme, Lord R'Hoone, puis Horace de Saint-Aubin : en 1822, *L'Héritière de Birague*, *Jean-Louis*, *Clotilde de Lusignan*, *Le Centenaire* et *Le Vicaire des Ardennes*. Liaison avec Laure de Berny, la « dilecta ».

1823-1824 : *Le Nègre*, mélodrame, est refusé ; publication de *La Dernière Fée*, *Annette et le criminel*. Une postface à *Wann-Chlore* dit les adieux désabusés d'H. de Saint-Aubin à la littérature.

1824-1828 : Balzac s'associe avec un éditeur, Urbain Canel pour des entreprises éditoriales, tout en publiant anonymement le *Code des gens honnêtes*, et *Wann-Chlore* ; puis il se lance dans des travaux d'imprimeur. Sa jeune sœur Laurence meurt en 1825 ; il a une liaison avec la duchesse d'Abrantès.

Il est contraint à renoncer à ces entreprises commerciales en 1828 et se retourne vers la littérature pour un projet de roman historique, théorisé dans l'Avertissement du *Gars* (*Les Chouans*).

Premières constructions (1829-1833)

1829-1830 : Balzac signe de son nom, en 1829, *Le Dernier Chouan ou la Bretagne en 1800*, mais pas la *Physiologie du mariage*, « par un jeune célibataire ». Son père meurt en juin 1829. Introduit dans les salons à la mode et les milieux littéraires, Balzac multiplie ses collaborations avec la presse pour des articles et avec les revues littéraires pour des contes et nouvelles. Publication des *Scènes de la vie privée* (six nouvelles) en avril 1830.

1831 : Balzac est consacré écrivain à la mode grâce à *La Peau de chagrin* et aux *Contes philosophiques*. Jusqu'alors libéral, désenchanté après juillet 1830, il opère une conversion politique radicale et affiche des positions carlistes.

1832 : Début de la correspondance avec une admiratrice « étrangère », Mme Hanska. Désormais, à la publication en revues viennent s'ajouter non seulement la publication en volumes (*Contes bruns*) mais la réédition, corrigée et augmentée, de textes antérieurs (*Nouveaux contes philosophiques*).

1833 : Balzac ne donne plus à la presse que les prépublications de ses livres. Il conçoit un premier ensemble de romans : les *Études de mœurs au XIXe siècle*, et en signe le contrat avec Mme Béchet. Publication de *Louis Lambert*, du *Médecin de campagne*, des premières *Scènes de la vie de province* avec *Eugénie Grandet* et *L'Illustre Gaudissart*. À Neufchâtel, en septembre, première rencontre avec Mme Hanska.

Les Mille et une Nuits de l'Occident (1834-1840)

1834 : Après un long séjour à Genève avec Mme Hanska, il revient à Paris, publie une seconde édition très remaniée des *Chouans*, puis du *Médecin de campagne*, commence *Le Père Goriot*, puis *César Birotteau*. Il élabore les trois parties de son « œuvre gigantesque » à laquelle il donne ainsi son unité. Autre facteur décisif d'unité du monde romanesque, le retour systématique des personnages dans la rédaction du *Père Goriot*. La publication des premières *Études philosophiques* chez Werdet comporte une importante « Introduction » par Félix Davin.

1835 : Publication du *Père Goriot*, du *Livre mystique* (réédition des *Proscrits* et de *Louis Lambert*, édition originale de *Séraphîta*), et en revue, du début du

Lys dans la vallée. Voyage à Vienne pour voir Mme Hanska; visite à Mme de Berny, la dernière. Pour avoir plus d'autonomie et gagner un public plus élégant, Balzac prend la direction de la *Chronique de Paris*, journal politique et littéraire.

1836 : Balzac entre en procès avec la *Revue de Paris* qui a laissé publier sans son autorisation des pages non corrigées du *Lys* à Saint-Pétersbourg, et obtient satisfaction. Il doit renoncer à la *Chronique de Paris* pour des raisons financières. Il voyage en Italie, et au retour apprend la mort de Mme de Berny. Il publie *Le Lys dans la vallée*, et en octobre, avec *La Vieille Fille*, le premier feuilleton-roman dans un quotidien, *La Presse*, de Girardin. Chez Souverain commence la parution des *Œuvres complètes d'Horace de Saint-Aubin*.

1837 : Second voyage en Italie, puis achat des Jardies, à Sèvres. Publication en librairie de la dernière livraison des *Études de mœurs au XIXe siècle*, de la suite des *Scènes de la vie de province*, et des *Études philosophiques*, de *César Birotteau* et des *Cent contes drolatiques*. Balzac projette des Études sociales.

1838 : Toujours soucieux de défendre les droits des auteurs, il adhère à La Société des gens de lettres dès sa création. Voyages, aménagement des Jardies, et publications nouvelles : *Le Cabinet des Antiques*. Avec la réédition de la *Physiologie du mariage*, il participe au lancement par Charpentier de sa "Bibliothèque in-18", ancêtre du livre de poche.

1839 : Activité intense : une pièce de théâtre, *L'École des ménages*, mais qui est refusée, présidence de la Société des gens de lettres, des feuilletons et des livres, *Une fille d'Ève*, le début du *Curé de village*, *Béatrix*, la seconde partie d'*Illusions perdues*. Charpentier réédite en in-18 treize volumes de romans et nouvelles.

Vers l'achèvement de la mosaïque, monument et tombeau (1840-1850)

1840 : Le titre « La Comédie humaine », vient parachever l'œuvre. Mais échecs : de *Vautrin*, pièce refusée, puis créée mais interdite, de *Paméla Giraud* et de *Mercadet*, refusées, d'un projet de *Revue parisienne*. Un créancier l'oblige à quitter les Jardies; il s'installe à Passy avec sa servante-maîtresse dite « Mme de Brugnol ».

1841 : Balzac signe avec Furne, Hetzel, Dubochet et Paulin un contrat pour la publication de ses *Œuvres complètes* : *La Comédie humaine*. Il publie de nombreux feuilletons, *Une ténébreuse affaire*, *Ursule Mirouët*, les *Mémoires de deux jeunes mariées*, et en librairie *Le Curé de village*.

1842 : Le décès de M. Hanski a redonné vie et force à son désir d'épouser Mme Hanska. Nouvel échec au théâtre pour *Les Ressources de Quinola*, mais les premiers volumes de *La Comédie humaine* paraissent.

1843 : Après huit ans, Balzac revoit Mme Hanska à Saint-Pétersbourg. Paraissent en librairie *Une ténébreuse affaire, La Muse du département*, et la suite des volumes de *La Comédie humaine*.

1844 : La santé de Balzac se dégrade, mais il rêve d'acheter et de meubler une maison digne de sa future épouse. Publication de la fin d'*Illusions perdues*, du début des *Paysans*, de *Splendeurs et misères des courtisanes, Honorine, Modeste Mignon*.

1845-1846 : Nombreux voyages en Europe avec Mme Hanska ; sa production se ralentit. L'édition en 16 volumes de *La Comédie humaine* est achevée en août 1846. Balzac achète un hôtel rue Fortunée, mais se désespère lorsqu'il apprend que Mme Hanska a fait une fausse couche. Publication en feuilleton de *La Cousine Bette*.

1847 : Dans l'attente de Mme Hanska qui, enfin, vient le rejoindre à Paris, Balzac se sépare de Mme de Brugnol, publie des feuilletons, *Le Cousin Pons, Le Député d'Arcis, La Dernière Incarnation de Vautrin. Le Siècle* et *Le Constitutionnel* rééditent *César Birotteau* en suppléments littéraires. Balzac se rend pour la première fois en Ukraine, à Wierzchownia, demeure de Mme Hanska.

1848 : Les révolutions de 1848 le retrouvent à Paris et bouleversent ses projets ; cependant *La Marâtre* connaît le succès, *Mercadet* est corrigé et repris sous le titre *Le Faiseur*, mais n'est pas monté. *Les Parents pauvres* forme le XVIIe volume de *La Comédie humaine*.

1849-1850 : Balzac est en Ukraine, malade. Longtemps retardé, son mariage a enfin lieu le 14 mars 1850. Le couple revient en mai à Paris. Balzac meurt le 18 août.

INDEX

Cet index ne prend en compte que les noms d'auteurs dont les textes sont cités ou commentés.

N° de projet : 10024085 - (1) - 3 - (OSB - 80) - IC — Septembre 1994
Imprimé en France par Pollina, 85400 Luçon - n° 66251